查尔斯·汉迪管理经典

空雨衣

个人与组织的精准定位

THE EMPTY
RAINCOAT

Making Sense of the Future

[英] 查尔斯·汉迪 著　李姗姗 译
Charles Handy

机械工业出版社
CHINA MACHINE PRESS

"我们有更长的寿命，我们更有效率，可以用更少的时间做事。但是我们的时间似乎总是不够用。""我们的企业组织既要关键时刻能集权，又要日常运营够扁平。员工可以既自治又高度服从，管理者可以既充分授权又全盘操控。"本书的作者基于对成熟经济体的研究，预见到了经济和科技发展给人们的工作和生活带来的九大主要矛盾。基于九大矛盾，作者提出了三种管理矛盾困境的原则和方法——S 型曲线、甜甜圈原则和契约精神，又通过各层面的例子，提供了在工作和生活中践行这些原则的解决方案。本书还从实操的层面提出了"连续感""连接感"和"方向感"三种意义，提供了在追求效率与财富的当下，每个人找寻人生满足感的线索。本书洞见深刻，对当代企业家如何管理和经营组织，以及个人如何管理自己的职业及生活，有着极具前瞻性的启发。

图书在版编目（CIP）数据

空雨衣：个人与组织的精准定位 /（英）查尔斯·汉迪（Charles Handy）著；李姗珊译 . —北京：机械工业出版社，2024.6

（查尔斯·汉迪管理经典）

书名原文：The Empty Raincoat: Making Sense of the Future

ISBN 978-7-111-75742-9

Ⅰ. ①空… Ⅱ. ①查… ②李… Ⅲ. ①组织管理学 Ⅳ. ① C936

中国国家版本馆 CIP 数据核字（2024）第 089529 号

机械工业出版社（北京市百万庄大街 22 号 邮政编码 100037）
策划编辑：石美华　　　　　　责任编辑：石美华　董一波
责任校对：张爱妮 李小宝　　　责任印制：李 昂
河北宝昌佳彩印刷有限公司印刷
2024 年 8 月第 1 版第 1 次印刷
170mm × 240mm · 15 印张 · 1 插页 · 182 千字
标准书号：ISBN 978-7-111-75742-9
定价：69.00 元

电话服务　　　　　　　　　　　网络服务
客服电话：010-88361066　　　机 工 官 网：www.cmpbook.com
　　　　　010-88379833　　　机 工 官 博：weibo.com/cmp1952
　　　　　010-68326294　　　金 书 网：www.golden-book.com
封底无防伪标均为盗版　　　机工教育服务网：www.cmpedu.com

译者序

余华曾说，"过去三十多年，我们的发展就像一匹脱缰的野马那样一路狂奔，我们全体都在后面大汗淋漓地追赶，我们追赶的步伐常常跟不上发展的速度。展望今后的十年，我觉得，或者说我希望，我们发展的速度应该慢下来。然后，我们可以在个人价值和家庭价值之间找到平衡"。

当我翻译这本书的时候，一切正在慢下来。然而"慢"给身边的每个人和组织也带来了或大或小的阵痛。但是，大家终将找到与当下的一切自洽相处的方式。这本书或许可以提供给我们一个穿越时代混沌的思考框架。

作者在20世纪90年代基于对西方成熟经济体的研究提出了组织与个人将面对的九大主要矛盾。30年后的今天，我们又看到了这九大矛盾。

查尔斯·汉迪说："（成功的企业）既要计划周密，又要灵活机动；既要差异化营销，又要整合营销；既要找寻大众市场，又要关注细分需求；既要引入新技术，又要允许员工做自己命运的主人；既要保证多样化、高质量和够时尚，又要确保低成本。"这简直是我们企业年度战略讨论会的会议记录。他还说："我们的组织既要关键时刻能集权，又要日常运营够扁平。员工可以既自治又高度服从，管理者可以既充分授权又全盘操控。"相信每个企业高管和创业者读到这段话时都会心有戚戚。

"降本增效"和"第二曲线"可谓近年商业故事中的两大关键词。这两个词本身蕴含着内在的矛盾。每个管理者都苦于"既要又要"。查尔斯·汉迪的这本管理学著作是真正的以人为本、顺势而为,把组织管理和企业经营从资产负债表和组织架构图中解救出来,从时代和生产力发展的层面,解读了组织和职场人面临的各种矛盾困境和解决方法。几十年来,稻盛和夫的"哲学共有"、德鲁克的"成果主义"和硅谷的OKR(目标与关键成果法)轮流在中国企业家的组织管理理念中占据重要位置。这本书或许没有提供类似的通用解决方案,但它所推演的主要矛盾和管理框架,可以为我们办公室里绝大部分的分歧提供对话的基础共识,帮助我们厘清时代的脉络,用共同的话语体系找到适合我们的发展之道。

作者不仅着眼于企业的发展,还对迷茫无力的个人充满关切。查尔斯·汉迪直白地说:"在我们的个人生活中,我们经常夸大必需品的重要性。人们总是想象自己需要很多东西,但实际上并不真的需要那么多。同样,人们总是渴望很多的安全感,但是实际上也不需要那么多。"他甚至建议:"如果钱就是你所苦恼的全部,那么单纯考虑赚钱要比你把赚钱和其他诉求捆绑起来容易得多。"

他提醒我们将人生想象成一个反转的甜甜圈,赖以谋生的工作是甜甜圈的核心,但是我们也要决定如何填满外圈的空间丰富自己的人生。"人生有两种类型的错误,一种是过错,另一种是错过。"这本书并非空洞地让人平衡工作和生活,而是在社会和组织的叙事框架中为个人的愿望和决策找到合适的位置。他预言我们中的大部分人都将成为组合式独立工作者,并提示我们更加充分灵活地利用人生的四个阶段。

　　或许这本书不会手把手地教我们如何成为时代的幸运儿，但至少能帮助我们避免成为时代困局里的受害者。

　　本书写于 1993 年，书中的核心思想经受了时间的检验，迄今依然闪烁着耀眼的光芒。书中的一些内容，现在看是既成事实，但在 1993 年还属于预测性的，我们保留了原样，以尊重查尔斯·汉迪这位伟大的作者。

致　　谢

在本书的背后隐藏着很多人，我尝试描述他们的生活以及他们运营的组织。那些问题和成就、希望和沮丧，有些是我亲耳听他们讲述的，还有些是我从其他人的著作或者在报纸、杂志和书籍中摘取的。除非他们选择公开撰写自己的故事，否则他们会一直保持匿名。我要向他们表达感谢，因为通过他们的故事，我看到了现实。

我从其他人的创作中学到了很多，他们有的是管理学家，有的是古代哲学家或者现代思想者。我在书末的参考文献中一一列举了本书中引用过的相关著作。参考文献还包含了一些本书没有具体引用的作者，但是他们的创作在我为本书的主题焦虑时，给予了我特别的影响。谨以此对他们表达感谢。

我有幸同时与伦敦和波士顿的两家出版商合作。有人说，一臣不事二主，但我发现接触两套观点和评论非常有助益，尤其是当它们来自伦敦的盖尔·雷巴克和保罗·西迪以及波士顿的卡罗尔·佛朗哥和娜塔莉·格林伯格等有见地的人时。他们以及他们团队的每一位成员，在本书相当漫长的"分娩"痛苦中，一直是完美的助产士。我永远感谢他们对本书的兴趣、耐心和鼓励。

我的家人非常了解与作家一起生活的各种问题。他们包容我的情绪，允许我在书中展示他们的部分生活，并在我工作的过程中提出了委婉的批评。我妻子对我和我尝试做的事情抱有始终如一的信心，那是我力量的源泉，帮助我走过了自我怀疑的低谷，因为写作在大多数时候都是一件孤独的事情。在此我向丽兹、凯特和斯科特，致以诚挚的爱和感谢。

写于英格兰诺福克郡迪斯镇

1993 年 9 月

本书背后的故事

四年前，我的上一本书《非理性的时代》出版。在那本书里，我提出一个观点：工作的方式正在被重塑，其重塑的结果会影响所有人的生活。整体来说，这是一个非常乐观的观点。在那之后，人们的工作发生了与书中的描述一致的变革。这对于一位作家来说，应该是非常欣慰的。但是我的感受并非如此。太多的人和机构对变革感到不安，资本主义并没有展现其该有的灵活性。生活对于一些人来说是一场斗争，对于大多数人来说却是一个迷局。

我们这个成熟社会所发生的一切比我预料的更加触及根本，令人感到困惑和痛苦。我在本书中所写的正是这些困惑。这些困惑部分来自我们对于效率和经济发展的追求，我们坚信那是发展所带来的副产品。在追逐目标的过程中，我们很容易忘记作为独立个体的每个人才是万事万物的标准，而人并不能用评判事物的标准来衡量。我们很容易在对效率的追求中迷失自我，忘了效率只是达成目标的手段，而非目标本身。

我一直记得在美国明尼阿波利斯市露天雕塑花园看到的一座雕塑，它的主题是"无言"（Without Word），创作者是朱迪思·谢伊（Judith Shea）。这座雕塑有三种形态，其主体是一件笔直挺立的青铜雨衣，里面空无一物。对于我来说，那件空雨衣是我们最紧迫的主要矛盾的象征。我们不是注定只能成为一件空雨衣、一个工资单上没有姓名的数字、一个角色的暂时扮演者、一个经济学或社会学的素材或者政府报告的统计数据。如果这是经济发展的代价，那么经济发展就是一张空头支票。生活远不只是做别人伟大机器上的一颗螺丝钉，蒙眼狂奔。我们必须证明矛盾是可以被管理的，我们每个人都能填满那件空雨衣。

现在，太多的事情充满了内在冲突，太多的好意带来了意外结果，太多的成功公式尾巴上带着刺。"矛盾"几乎成了我们这个时代的陈词滥调。当新闻工作者找寻一种方式描述企业和越来越多个人所面临的困境时，这个词一次次地出现。有时候，似乎我们知道得越多，就越困惑。我们越是提高技术能力，就越感到无能为力。我们生产了远超自己所需的粮食，却无法养活饥民。我们能解开宇宙的谜团，却搞不定自己的家庭。我们将这一切称为矛盾，只是给它们贴了个标签，并没有解决它们。我们必须设法理解矛盾，并利用它们塑造更好的命运。

当我找寻理解困惑的方式时，我确切地知道了矛盾是何时成为我的关键概念的。那是在加利福尼亚州的索萨利托，约翰·奥尼尔（John O'Neil）给我看他新书的第一章。约翰是加州专业心理学院的院长，他是一位睿智而精明的观察者，也是领导者和组织的顾问。他的新书叫《成功的悖论》（*The Paradox of Success*），副标题是"职场赢家，生活输家"。这本书是关于领导力的个人困境的，但是对我的重要启发是，生活中从来都没有简单或绝对正确的答案。我曾认为有或者可能有，但现在我到处都能看到矛盾。我意识到，每个硬币都有两面，但是如果我们能理解正在发生的事情并愿意与众不同，我们就能找到穿越矛盾的途径。

《非理性的时代》中的观点仍具有现实意义。组织会同时变得小巧灵便和规模庞大，它们将会更扁平、更灵活、更分散。我们的工作和生活也同样会更扁平、更灵活。生活将会变得不合理，从某种意义上讲，它不会按照曾经的范式继续。我们将不得不促成事情发生，而不是等待其发生。然而，我在《非理性的时代》中没有预见到的是，这会引发困惑。我十分自信地预测，个人取得成就的机会会因为效率的压力而变得复杂，新的自由意味着更少的平等和更多的痛苦，成功可能要付出不成正比的代价。

《非理性的时代》遭到的一个批评是"对于你这样的人，一切都很容易"。这确实一语中的。我现在会更谨慎地针对个人窘境提供通用解决方案，我们必须找到适合自己的方式。然而，即便我们选择找寻自己的出路，我们面对的路线图也是大同小异的。在本书中，有对未来的提示，有我所认为的组织和个人将要面临的挑战，还有一些应对挑战的思维框架。但是，本书中没有成功的万灵药。

一个重要的问题是，我们是否都应该朝着同一个大方向前进。这一切有意义吗？如果有，它是什么？瓦茨拉夫·哈维尔（Vaclav Havel）是剧作家，后来成为捷克共和国总统。他沉浸在当今的世俗世界和框架中，但是他认为，只有超越世俗、超越个人的事物才能够重获尊重，才能避免我们这个时代发生"群体自杀"。他说，这是个矛盾，但如果没有对超越个人的精神秩序的尊重，我们将无法创造一个人可以真正成为人的社会结构。也许，我们不能成为万事万物的衡量标准，除非我们能够找到衡量自己的标尺。在本书的最后一部分，我又回到了这个问题，但是这一切问题的关键潜藏在每一页的背后。我曾听说，哲学是对生活的研究，但不要指望它告诉你如何生活。我怀疑本书也是如此。

目　　录

第一部分

暗黑森林：令人困惑的矛盾

—

THE EMPTY RAINCOAT
Making Sense of the Future

第一章
事与愿违

不合理啊!

那年在意大利的部分地区,大量的橄榄无人采收。老年人年纪大了,年轻人又看不上这份低廉的工资。在托斯卡纳,1985 年的严冬摧毁了很多橄榄园,人们甚至懒得重新栽种,因为无法回本。钱少活多,橄榄种植成了一门濒危生意。

同样改变的还有那些小型家庭饭馆。这些小饭馆通常由妈妈经营,女儿帮厨,再在中午和晚上的饭口雇个小时工做服务员。随着很多国家的法律不再支持这类工作时长的零工,外出就餐变得越来越贵。许多小饭馆也像橄榄业一样不再赚钱。"我就是在给意大利政府打工,"一位饭馆老板表示,"既纳税,又创造就业,最后自己一分没挣着。"

我们给许多工作的定价，让它们无法在工业世界继续存活。人们需要较高的报酬或者薪水才能在这些国家生活，政府也需要税收，但并非所有的产品和服务都能负担起这些成本。擦窗户的活配不上手艺人的工资；在英国，每天送到家门口的牛奶所花的成本要比一瓶葡萄酒还贵。一旦不补贴，这些活就没人干了。

现在，很多基础的工作都需要极高的人力成本，只有负担得起的人才能享受高价的商品和服务。其余的人就唯有自助，自己摘橄榄，自己擦窗户，自己取牛奶。这也很公平。然而，尽管橄榄在意大利无人采收，在仅仅与意大利隔着一条狭长海域的阿尔巴尼亚，却有很多陷于极度贫困，迫切愿意为一点点钱去摘橄榄、擦窗户的人。每个富裕的国家都有自己的"阿尔巴尼亚邻居"。可如果让他们入境去做那些无人愿意做的工作，就需要有人承担他们的住宿、医疗乃至养老费用。因此，我们通常将他们拒之门外。

然而，他们中的许多人已经在这儿了。他们是我们城市的居民，但又不完全是。或许由于不够勤勉，他们为这个城市提供的价值仅够获得让他们自己在这个费钱的社会活下去所必需的薪水。不夸张地说，他们不够资格获得一份合适的工作。但他们是我们城市的居民，有权在这里生活，可以说，他们不仅有权谋生，更有权从事使生活有价值的工作。他们也是其他工作的消费者，只把他们当作潜在的廉价劳动力，让他们一直穷困，也抑制了市场需求。目前，让他们打零工，提供给他们微薄的薪水，似乎已经是我们能做的最好的了。1973—1989 年，相较于整个西欧 500 万的新增就业人数，美国成功地创造了 3200 万的新增就业人数，但大部分都是"手停口停"的零工。

这是富裕社会的困境之一，然而困境还远不止于此。比如，体面的工作对于职场人来说也常常是甲之蜜糖乙之砒霜，有体面工作的人面对着很多的要求和期望。我曾邀请一位新入职伦敦银行的朋友晚上出来喝酒。"我晚上九点前没办法下班呀。"他说。"天天都是如此吗？"我问。"也不是，"他回答，"我的团队期望我在办公室待到很晚，周六也如此，我不能让他们失望。大部分时候这都是一份令人兴奋的工作，薪水也高，但也真的耗人。"他那总被忽略的家属则表示："这是个变态的体系，根本不合理，为什么你们不用两倍的人，每个人给一半薪水呢？这样所有人都可以正常生活。"

但是他们现在不会、将来不会，也不能这么做，除非他们不想保持竞争力。一位大型制药公司的董事长从另一个角度算了笔简洁的账：$1/2 \times 2 \times 3 = P$。也就是，以五年为例，雇用核心业务一半的员工，付给两倍的薪水，要求三倍的产出，等于生产力和利润。其他的企业可能没有这么直白的公式，但也都是同样的思路：好工作、高工资、高产出，人数少。这造就了优秀的企业。

这样的工作并不适合所有人，尤其不适合那些希望有自由支配的时间做其他事的人，例如，想要兼顾家庭生活的人。如果女性想要照顾家庭，这类工作对她们来说就太困难了，当然，对家庭投入度高的男性也一样。"我坚持要求公司为我支付国际电话费，让我能够在出差时打国际长途给我的孩子讲睡前故事。"一位身为客户主管的母亲表示。然而，为人父母不仅仅意味着电话里的睡前故事。

这样的工作不会永远持续下去。我们谴责社会中的年龄歧视，但是每周 70 小时的工作真的让人疲惫不堪。在人生的某个阶段，我们的智慧在增长，但是精力在下降，有时候甚至只是精力在下降。如果没有现实映射，"倦怠"就不会成为流行语。在诸多此类过于充实的工作中，我们似乎将过去一辈子 100 000 小时的工作塞进了 30 年，而不是从前的 47 年。但是，然后呢？对于那些不能再这样工作的人，我们真的不欠他们一份保障吗？隐藏在这些高薪工作和巨额工资背后的风险就是，或许有一天，你会变得不值这个钱。

如果我们没干什么傻事，大概率会活到 75 岁，那么一份 30 年的工作会留给我们 20 年或更多的非工作时间。把这些非工作时间统称为退休并不恰当，它给我们所有人提供了另一种生活的可能性。荣格认为，我们的前半生就是在为后半生做准备。现在我们大多数人都完全有机会走到人生下半场，但奇怪的是，我们对此毫无准备。许多人浪费了它。"我想要的就是生活不要有太多变化。"一位朋友说。很不幸，这很难实现。

这些困境和矛盾还没完。索尼公司前总裁盛田昭夫曾说，日本人在 1989 年的平均工作时长为 2159 小时。在德国，这个数字是 1546 小时。其他国家的时长在两者之间。他表示，年轻的日本人不会长久地忍受这么大的差异，尤其是当年轻的、受过良好教育的年轻妇女也开始参加工作。这种差距相当于他们比德国人每年多工作 15 个 40 工时的工作周。有人会想到，难怪东京的生育率降到 1.1，是维持总人口所需生育率的一半。年轻人实在是没有时间既工作又生娃。在这样一个传统国家，这些工作传统将如何改变？何时改变？谁也说不准。但如果不改变，日本将面临民众日益不满、老龄化和劳动力减少的局面。盛田的言论引起了日本高层的关注，但在 1993 年的一项民意调查中，仅 87% 的受访者表示他们希望改变。

此外，对于德国来说，挑战在于它需要让每一个德国人 1 小时的工作效能能够达到日本人 1 小时 20 分钟的工作效能。这样德国才能保证自己的竞争地位。哪怕日本人开始懈怠，这也是一项非常严苛的标准。尤其是对于现在统一的德国，这么高的标准会引发两种工作传统的冲突。

　　德累斯顿的一个朋友说："工作曾经就是一个我们要去的地方，不是我们要做的事。我们不能一直高产出地工作，因为我们没有必需的工具或者零件。顾客也习惯了等待，而且干不干活我们拿到的都是一样的钱。"我很震惊。他继续说："我不是说这是对的，或者作为一个体系是可持续的。但是，这意味着我们曾经有很多时间和精力给家庭、朋友，可以过节和娱乐。现在，"他惨笑，"全都是利润和绩效、薪酬和生产力。我想我更喜欢从前，而不是现在。现在这些有什么意义？"

　　在某种程度上，我们与日本和德国有着共同的困境。当我们努力确保自己的生存时，这样做是艰难但可以理解的。但是，当大多数人都幸运地解决了温饱，达到了生存之上的生活水准时，"生存之上"也带来了"现在干吗""接下来干吗"的问题和各种各样的答案。这些问题越来越需要我们的领导人、企业、学校、医院和监狱作答，当然，更需要我们自己作答。有一个思路是重新定义生存。我们可以将其定义为：不比别人差，无论是作为个人还是公司。但是，如果我们真的采纳这个定义，生存就会是一场无穷无尽的、必输的噩梦。只有一家公司可以成为行业领导者，总有更富有或更成功的邻居可以与我们进行比较。竞争是健康的甚至可能是必不可少的，但生活必须比赢更重要，否则我们几乎都会是输家。

　　以上可能并非预言，而是现实。1992年，严谨的无党派机构美国国会预算办公室发布，1977—1989年，美国经通胀调整后的个人收入增长了7400亿美元，其中2/3流向了最富有的1%的家庭。这些幸运群体的平均收入从31.5万美元增长到56万美元，增长了77%。在此期间，中产阶级的收入仅微涨4%。同时，还有四成的家庭实际上在这十几年的大发展后变得更穷困了。激励措施原本是增加财富的肥料，最终却消耗了他们创造的所有财富。

虽然以上数字的准确解读尚存一些争议，但很显然，财富在里根时代并没有很好地渗透到美国社会各阶层。其他国家也不例外，比如，英国的数字就非常类似：1993 年的政府报告表示，1979—1990 年，位于最底层的 10% 的人群实际收入下降了 14%，而全国家庭平均收入增加了 36%。其他成熟经济体的财富倾斜程度略低，但趋势是一样的。和以往一样，富人变得更富，穷人相对而言更穷，有时甚至是绝对值意义上的更穷。这个社会还能凝聚不散，全靠穷人的希望——在一个经济不断增长的世界里，寒门也能出贵子。

戈尔在成为美国副总统之前写道：

> "我们在我们的文明中构建了一个虚假的世界，其中有塑料花和人造草皮、空调和荧光灯、打不开的窗户和永不停歇的背景音乐、不知道是否下过雨的白天、天空永远闪亮的夜晚、随身听和便携式电视、娱乐茧房、微波速冻食品，以及全靠咖啡因、酒精和幻想而跳动的困乏的心。"

如果他看到许多城市的城中村，这段话听起来会更糟糕。在这些"蛮荒之地"，有的地方每 30 秒就会无端地发生恶性事件，完全漠视人的生命和财产，麻木地、无差别地诉诸暴力。

戈尔的写作是出于对环境的关注，他本可以同样关注到人类的心灵。大多数人都深信，人是有智慧和灵魂的，我们不是偶然的神迹奇事或大自然进化的突变。如果我们舍弃了灵魂，只追求虚无的效率，那将是对人类所有进化的浪费。

中东的困境无休无止，非洲有残酷的战争与饥荒，还有我们无力拯救的全球环境，都要遗留给子孙后代。即便我们暂时忽略这一切，所谓成功的资本主义国家仍然有足够多的问题引发我们的怀疑：我们本以为已经赢得的这条未来之路是否是条歧路？

好心的意外结果

千禧年只是一个统计学上的概念，但是这千年历史的结尾奇妙地聚合了各种思想变迁，许多世代默认的事情也刚好在这个节点迎来终止，比如就业组织。

去年圣诞节，我们的家庭游戏是列出过去 10 年所有变得更好的事情，希望以此开心一下。在新西兰葡萄酒和临终关怀成为共识之后，我们陷入了沉默。有人支持 CD 随身听，有人支持手机，但是这些似乎很难归类为文明的进步。游戏很快就变得令人沮丧，不好玩了。

尽管如此，随着时间的推移，有些事情已经变得更好了。它们归功于我们过去 50 年的努力，工业化社会的每个人都拥有了更多的东西、更多的设备、更好的医疗和住房，这都是好事。但当我们冷静地回顾过去的半个世纪，就喜忧参半了——这些事也带来了意想不到的代价。过去 50 年是我这一代人的黄金时代，而我们正慢慢地步入自己的第三个阶段，开始脱离组织和全职工作。我们这代人在第二次世界大战后建立了全新的世界秩序，遏制了核战争这个怪兽。但是，有些事我们没有预见到。

我们这代人利用技术的跃迁极大地提高了生产力，但是很少考虑到那些从事曾经必不可少的工作的人失业了。许多人的工作在未来都不再有必要存在。比如，我们不再需要构建浮夸的黄页就可以愉快地卖东西，提供服务。

生产力提高的回报是日益新增的消费。连英国大肆吹嘘的《公民宪章》，从某种视角上都成了"客户宪章"。人们很晚才意识到过多的消费是有代价的。比如：驾车自由常常变成了堵车自由；当你遇到的每个人都是游客时，旅游的乐趣也就稀疏了。我们把消费作为衡量成就的标准，不知不觉中创造了一个攀比的社会。在这个社会里，贫穷仅仅意味着比平均水平差，哪怕这平均水平已经相当高。

我们误解了亚当·斯密（Adam Smith）的想法，以为如果我们每个人都顾好自己的利益，"看不见的手"就会进行神秘安排，让最终结果对所有人都是最好的。我们宣扬个人权利和自主选择，却没有要求相应的自我约束，既不用关心邻居，也不需要考虑后代，自由成了特权和纯粹的自私。然而，亚当·斯密是一位道德哲学教授，并非经济学教授，他的理论建立在道德共同体的基础上。在《国富论》（*A Theory of the Wealth of Nations*）之前，他已经在自己的权威著作《道德情操论》（*A Theory of Moral Sentiments*）中强调，一个稳定的社会建立在"同情"的基础上，每个人都有尊重他人的道德义务。市场只是一种区分高效和低效的机制，它不能代替责任。

作为过去 50 年所有"进步"的结果，即使在富裕社会，人们的发展也参差不齐。放眼至全世界范畴，人们更是贫富分化加剧。纵贯整个世纪，我们怀抱着美好的初心，选择了管理、计划和控制的发展道路。我们曾认为，站在社会顶端的人最能看清前路，他们能够并应该为其他人规划路线，并确保他们遵循它。站得越高，看得越远、越清晰。我们将这种管理方法应用于我们的组织，也同样寄望于我们的政府为我们规划最优路线。尽管我们总是说，政府不应该干扰它们的人民，但我们并不真的这么认为。因为那样的话，人民也无法获得最大利益。我们试图规划和控制世界贸易和金融，以构建一个更环保的世界。我们曾认为对任何事物的反应都应该是理性的，我们应该可以打造一个很美好的世界。

这些并没有奏效。管理和控制在各地溃败，新的世界秩序看起来很可能以失序而告终。无论在家庭还是在工作中，我们都不能让事情按照我们希望的方式发生，当然，在全世界范畴看更不能。很明显，管理是有局限性的。

科学家将这种时期称为混沌的边缘，新的秩序将会在这个充满动荡和创造力的时代中诞生。大约400万年前，第一个活细胞从简单分子和氨基酸的"原始汤"中出现，没人知道为什么或者是怎么出现的。从那时起，宇宙就无可阻挡地走向了衰退、无序和混乱。然而，就在这一团混乱中，它成功地产生了一系列令人难以置信的生物、植物、细菌以及行星和恒星。新的生命永远从旧的腐朽和混乱中涌现。

在圣达菲研究所，一群科学家正在研究这些现象并称之为"复杂性理论"。他们认为，这个理论与油价、种族关系和股票市场的相关性不逊于其与粒子物理学的相关性。米切尔·沃尔德罗普（Mitchell Waldrop）的书《复杂》（Complexity）记录了他们的研究，将混沌边缘描述为复杂系统可以自发适应和存活的地方。混沌对于身处其中的人来说是不舒服的，就像我们现在的许多社会机构一样。

无法避免的矛盾

我们需要一种新的方式来思考我们的问题和未来。如果矛盾的冲突和意外就是未来生活的一部分，我们不应该感到惊慌失措。接纳矛盾是生活的特色，是与它共存和管理它的第一步。

我曾经认为，矛盾的存在显然标志着一个不完美的世界，这个世界总有一天会被我们更好地理解和组织起来。我相信，一定会有一种经证实正确的方法来抚养孩子；"朱门酒肉臭，路有冻死骨"是完全不合理的；自由不一定意味着放纵、暴力甚至战争；一些人的富有并不一定意味着另一些人的贫穷。我们只是缺乏解决矛盾的知识和意愿，只是对事物的运作方式还不够了解，但最终，我们会有科学家所谓的"万物理论"（Theory of Everything），我们会像物理学家斯蒂芬·霍金所说的，了悟上帝的心意。在我自己的领域，我写了很多书，并暗示必然有一种正确的方法来管理我们的组织和我们的生活，即使我们还不能完全确定它是什么。我被科学的神话所控制，坚信从理论上讲一切都可以被理解和预测，因此也可以被管理。

现在，我不再完全相信万物理论，也不再相信完美存在的可能性。我认为矛盾是不可避免、普遍存在和永恒的。我们可以而且应该减少极端的冲突，将分歧最小化，理解矛盾中的谜题，但我们无法使它们消失，也不能完全解决它们或逃避它们，直到建立起新的秩序。矛盾像是天气，只能忍受、不能解决，我们能做的是缓解坏的、享受好的，并从中找到前进的线索。接纳、处理和理解矛盾是个人生活、工作乃至社会的必修课。

在我小时候，卧室里挂着一个印着格言的小相框："生活就像高尔夫小调，没有粗粝，也就没有华美。"我不知道为什么会有这小相框，我家人都不玩高尔夫，可能是我母亲从慈善义卖中买的。这句话让我第一次认识到矛盾在人生中的必要性。随着年龄的增长，我意识到，所谓选择，是上帝给人类最伟大的礼物，这礼物本身就是个矛盾，因为选择的自由也意味着选错和过失的自由。二者一体两面，不可分离。我更意识到，恰恰是矛盾让生活变得有趣。如果真的万事如意，那么生活很快就会变得令人厌烦，毫无改变和前进的动力。相较于没有矛盾的天堂，我宁愿选择地狱。完美是不可能的，也是不值得向往的。

这个结论对于我来说是一项启示。生活永远不可能一帆风顺、尽善尽美、一如所料。做事后诸葛亮容易，可人生总要向前看。从任何维度讲，我们想要创造价值，都必须利用矛盾、平衡矛盾冲突，并从中找寻创新的解决方案。美国作家斯科特·菲茨杰拉德（Scott Fitzgerald）曾说过："一流的智者是看脑子里能否同时容纳两种相反的思想，而无碍于其处世行事。"如果他是对的，我们着实处于一个无能的时代，因为周围没有那么多一流的智者。英国经济学家 E. F. 舒马赫（E. F. Schumacher）说得很好："（有些人）总试图追求终极解决方案，事实上，人生除了死亡就没有真正的终极解决方案。建设性工作中最重要的任务就是重建某种程度的平衡。"

与矛盾共存，不舒服也不容易，宛如暗夜行路入林，阴森恐怖、四处荆棘、方向全失，每一步都困难，任何声音都被放大，哪里看着都危险，似乎最安全的做法就是站在原地不动。然而，当黎明到来时，你会发现路就在眼前，夜晚的声音原来是鸟儿的歌唱和小兔子在灌木丛里刨地。荆棘定义了路径，而非阻塞了路径。黎明时的树林成了一个与暗夜时完全不同的世界。

先知与国王

英国政治家托尼·本恩（Tony Benn）说："我一直被告知，这世界存在先知和国王，国王有权力，先知有道义。"我选择站在国王这边，站在成事者这边。但是，每个国王都需要先知来帮助他在迷茫困惑中保持清醒的头脑。但是没人想要先知实际操盘。

先知并不能预言未来，没有人能够做到这一点，也不应该有人声称自己做到了。先知能做的就是说出他们所看到的真相。他们可以指出皇帝没有穿衣服，指出事情并不是人们想要的那样。他们可以警告人们，如果不改变路线，前方有危险。他们能够且常常做的是指明谬误、偏见与不公，提供一种思考方式，一种看清困境、集中思想的方式。

先知不能也不应该做的是，指挥做事的人怎么做。让先知发令是在窃取他人的决策权。先知可以提供航海图，但不能规定舰队如何航行，驶向何方。

我希望本书能帮助人们更容易地透过我们这个时代的困惑，看清自己的路。有些读者会成为各机构的领导者和高管，在我看来，当组织时代结束时，他们的机构将不得不找寻各自迥异的出路。然而，在其全新的形态中，它们将比以往任何时候都更重要。

有些读者会试图为自己的人生找寻意义，尤其是年轻人，他们面对的世界与其父辈成长的世界大不相同。这个世界没有太多现成的榜样可供借鉴，他们必须重塑自己的生活、目标、标准和优先级。

最后，我认为本书中的想法对各层级的社会治理者都会有用。当社会诸多的底层逻辑都已经改变时，社会治理者的责任更加重大。他们要找寻新的社会结构，满足人们日益增加的对正义的诉求，不仅是不同群体间的正义，更是现在与未来之间的正义。

我们需要一个全新的视角来审视生活、人生目标和责任。有些人陷于舒适的茧里，有些人还穷困潦倒。但是，无论哪个群体，如果生活的唯一重点只是自己的生存，那么我们最终会一败涂地。如果我们想要改变，就要从自己做起，从现在做起。

THE EMPTY RAINCOAT
Making Sense of the Future

第二章
我们时代的主要矛盾

　　如果要应对当今生活的问题，我们必须先找到一种厘清这种问题的思路。这样，我们才不会感到无力，不会成为那些无法控制甚至无法理解的事件的受害者。

　　构建框架是解决困惑的第一步。分析师、治疗专家都知道这一点，当然经理人和博士的老师们也知道。在我所在的商学院里，管理学专业的学生经常要面对 30 页的企业或行业发展案例研究。这并不是要轻率地提供给他们一种现实的假象，而是一种教学方式：当面对大量的数据、想法和混乱的信号时，我们首先要做的是把它们放进一个框架里。正如医生学习把症状转化为诊断，然后才能开始治疗。

　　我总结了九个主要矛盾，也就是九种方式来理解我们的社会正在发生什么，以及为什么某些混乱不可避免。英国诗人罗伯特・勃朗宁（Robert

Browning）写道："生活常似矛盾，成败共生，毁誉相伴。"对立统一是矛盾的一大特征，就像我们对自己最爱的人，常常是又爱又恨。矛盾不必解决，只需管理。

人生矛盾众多，无须穷举。如果我们能管理以下九种矛盾，理解它们，把这些意外变化和冲突转化成良机，就足够了。这些矛盾多见于成熟经济体，在东南亚表现得还不明显，在非洲更是鲜见，但它们终将会出现，因为这些矛盾往往是经济发展的伴生物。

1. 智力的矛盾

1992 年 1 月，微软的市值一度超过了通用汽车。《纽约时报》评论，微软唯一的资产就是其员工的想象力，管理学大师汤姆·彼得斯（Tom Peters）宣告这是工业革命终结的信号。彼得·德鲁克（Peter Drucker）预言了后资本主义社会的到来。当然，这可能有点言之过早。想象力是脆弱的，微软也不应自满。但是，世界各地的组织与个人都开始意识到，终极的安稳并非依赖于土地或者房子，而是其自身能力。即使在陷入困境的美国汽车制造业，体力劳动者也在逐步被脑力劳动者取代。福特在亚特兰大的新工厂，每辆汽车只需要 17 小时纯体力工作。聪明的工人操控着智能的机器，终结了大规模的组织。

长期以来，企业的董事长都声称人才是他们真正的资产，但很少有人真的这么认为，更没有人把这些资产放到他们的资产负债表上。这或许会改变。彼得·德鲁克指出，生产资料，即资本主义传统的基本要素，现在实际上归工人所有，因为生产资料就是他们的头脑和双手。

专注的智力，也就是获取和运用知识技术的能力，是新的财富源泉。

自称为"智慧岛"的新加坡在其规划中表示：土地、原材料、金钱、科技这些传统的财富资源和竞争优势都可以在需要时买入，再提供给有智慧的人才来运用它们。新加坡和中国香港地区将制造业转移到了印度尼西亚的苏门答腊、菲律宾和中国广东等成本低廉的地方，但是将管理经营、设计和分销等高智慧型工作留在了本地。

新加坡的实践也适用于其他地方。当今社会，智慧是新的财富源泉，智力是新型财产。不幸的是，与其他类型的财产不同，智力充满了矛盾。比如，这项财产无法通过法令赋予或者重新分配，甚至也不能在你死后留给孩子，你只能期待孩子能遗传点儿基因。当然，你还可以依赖教育——开启未来财富之门的关键钥匙，但是这把钥匙需要非常长的时间去塑造和转动。更神奇的是，哪怕我努力地把智力和技术分享出去，我仍然拥有全部的智力。我们不可能从任何人手中夺走这种新型的财产，智力是有黏性的。

我们也不可能获得别人智力的所有权。彼得·德鲁克是对的，实际上，那些自认为拥有企业的人不再拥有生产资料。如果人才要离开，企业是很难阻止的。人们买微软的股票就是在赌微软员工的想象力会持续为其所用，且永不衰退。这为股市埋下了风险。智力这种新型财产，是会渗漏的。

还有一个问题是，智力极其难以衡量，这也是知识产权无法出现在资产负债表上的原因。当然，我们也很难像对待其他类型的财产一样，对智力征税，任何税收手段对智力而言都是无效的。智力是棘手的、有黏性的，也是会渗漏的。

好消息是，政令不能重新分配智力，也不能阻止人们获取智力。理论上，任何人都是聪明的，或者可以通过某种方式变聪明，进而获得财富和权力。没什么可以阻止小公司进入微软所在的领域，就像微软曾经对 IBM

（国际商业机器公司）发起的进攻。当智力成为关键资产，你不必强大或者富有就可以参与竞争。市场准入门槛的降低，应该带来一个更开放的社会。

但不幸的是，智力总是流向智力浓度高的地方。受过良好教育的人才能给家人提供更好的教育，他们因教育而获得的权力和财富，进一步使他们的孩子在教育市场上占据优势。因此，这种新型财产可能使社会进一步分裂，除非我们能把整个社会转变成终身学习型社会，即每个人都想要属于自己的房子一样，贪婪地追求更高的智力。智力民主将成为共同富裕的新定义，这令人无比兴奋。

我们观察到财产观念变化的一个小指标：人们越富有，就越可能不在意拥有一个属于自己的房子。在孟加拉国，90%以上的房子是自有住房；在爱尔兰，自有住房的比例是82%。到了富裕的德国西部，这个数字下降到45%。而到了更富裕的瑞士，这一比例仅有33%。在一个智力至上的社会，安全感不是来自身外之物，而是来自自身的能力。那么，我们的现金有比买房子更好的投资标的。

2. 工作的矛盾

我们需要有事干，这是人类的天性。很难理解为什么会有人无事可做，被迫闲散似乎是当今社会为提高效率而付出的代价。有人会问：这有什么值得担忧的？古人的梦想就是悠闲，那是他们认为的文明。马克·吐温（Mark Twain）曾打趣道："如果工作很棒，富人们就会把它们都占了。"事实上，吐温先生，他们现在就是都占了。一些人有工作和金钱，但是没时间，而另一些人则有很多时间，但没有工作和金钱。那些"获得闲散特权"

的人认为这是一种诅咒，因为他们在社会金字塔的底部，而不是顶端。我们似乎把工作变成了神，还是一个许多人很难去敬拜的神。

为什么工作变得如此重大？部分问题在于钱。当今社会把工作作为收入分配的方式。为了赚钱，我们宁愿做无聊的工作。如果每个人都有工作，即使是无聊的工作，那么以此分钱是一个很简易的方法。不幸的是，我们也把钱作为衡量效率的标准。我们的组织希望用最少的钱做最多的事，而个人通常希望做最少的事赚最多的钱。在一个"一切都是交易"的竞争世界里，不难看出，组织将获胜。

组织追求尽快地淘汰没有效益的工作和人员，以此来应对效率挑战。它们不会在内部保留少量多余的人力以应对不时之需，而是把那些人裁掉，有需要时再招聘。赞同这种做法的人称之为"消灭冗余"，不赞同的人则称之为"将组织灵活性输出到外围劳动力市场"。许多全职员工被裁掉后，是员工而非组织为他们未使用的时间买单。冗余总是要花钱的，区别只是花谁的钱。

讽刺的是，这些被裁掉的员工如果要生活，他们必须有些钱。最终，这笔钱会以某种方式由裁掉他们的组织提供，通常是以更高税收的形式。最后，我们完成了同样多的工作，经济总产出并没有提升，还以不同方式花了同样多的钱。按理说，不应该这样。按理说，那些有空闲时间的闲置员工应该会发明新的工作，让自己忙碌和赚钱。不幸的是，因为缺少独立的智慧和意愿，他们通常是最没有能力创造新工作的人。他们习惯了当员工，现在却被期待成为企业家。

1993年的新年前夕，英国服装连锁店伯顿（Burton）宣布，它将削减2000个全职岗位，新增3000个兼职岗位。它表示，这项战略旨在应对现代零售业的超长工作时间。这代表了一类典型的趋势。现在，英国只有

55% 的劳动力在从事全职工作。当代经济中有很多闲置产能，但是这些产能在个人身上而非组织中。除了让这些闲置人员获得新的智力和才能，我们尚不知道如何解锁这一困局。

事实上，英国和美国拥有最开放的就业市场，但是他们的工人是最缺乏保障的，也常常是收入最低的。大约 70% 在工作年龄内的美国人和英国人都在从事有偿工作。相比之下，这个比例在法国是 60%，在西班牙只有 50%。在过去的 20 年里，美国从事有偿工作的人数增长了 3000 万人，欧盟只增长了 1000 万人。但美国人和英国人必须工作更长时间或者用零碎的时间接受更多的兼职和自雇用，却享有更少的劳动保障。15% 的英国工人一周工作超过 48 小时，20% 的人在周日工作。欧洲大陆的人会觉得这很疯狂。美国人和英国人的社保养老金补贴不到其工资或者薪水的 30%，而意大利、法国和德国的补贴是其工资或薪水的 50%。这个时代应该拥有更少的更高薪、受过更好教育和获得更好保护的工人，还是更多但更便宜的工人？人们为此展开了激烈的争论。欧洲大陆的观点是，在现代化的时代，只有好的劳动力才是能够接受和有价值的，当然好的劳动力都贵，而且没工作比糟糕的工作要好。英美则认为，任何工作都比没工作好，哪怕结果是劳动技能逐渐下降。其后果之一就是社会更加分裂。在美国，收入前 10% 的人赚的钱是收入后 10% 的人所赚的六倍。在德国，这一比例仅仅是两倍。

工作不仅是上班，在有偿工作之外，还有多种多样的工作。事实上，如果工作的定价为零，那么它的空间就无限大。"我太清楚这一点了，"我的家庭主妇朋友表示，"如果我们是为了获得报酬干活，那家庭主妇大部分的活儿都不值得干。要是按照我们合理的工资水平算钱的话，我们根本负担不起保洁和做饭的价格。"因此，如果人们工作的动因不仅仅是金钱，而是为了自尊、身份、做点贡献或者找到归属感，那么答案就是把更多工作定价为零。在那些很多工作没被定价的社会里，每个人都很忙。在发展中国家，你会看到人们都在热热闹闹地忙碌着。讽刺的是，越多的工作被定价，越少的有偿工作能被完成，因为太多的工作不值其成本。任何物有所值的工作都很快会变成一门生意，进而因为效率的作用，多人低薪的情况又变成了少人高薪。或许我们应该只做定价高的工作和定价为零的工作，而不是在两者之间徘徊。然而，这就导致了生产力的矛盾。

3. 生产力的矛盾

生产力提升意味着用更少的人力做更多更好的工作。企业或公共服务的生产力提升，对组织自身和消费者都有好处，没人会抵制效率。总的来说，这对工人也有好处，即使是那些暂时没被雇用的工人。留下来的人获得更好的工作和更高的薪水，离开的人也在其他成长中的组织里找到工作。随着时间的推移，人们不断流入经济中新的增长板块。200 年前，农民开始在新兴的工厂中工作。当工厂开始瘦身和倒闭的时候，他们的后代又进入了服务业的办公室和商店。经济增长和工作变动还在继续，只要总体增长率不低于效率的提升速度和人口增长率之和，就总会有适合每个人的工作。

然而，新的经济增长板块是自助经济。有些自助工作是有酬劳并纳入统计的，也就是各地都在增长的自雇型板块；有些自助工作是有酬劳但没有纳入统计的，也就是所谓的黑市经济；还有些则是纯粹破坏性的，例如盗窃等恶性事件。然而，自助经济绝大部分都是无偿的、不纳入统计的、合法的，像是照顾家里的老人和病人、自己维修、自己种菜等。随着越来越多的人被迫或者主动地离开组织，从前需要雇别人来做的事，现在自己去做变成了更经济实惠的选择。逻辑上，他们像完成了个人事务范畴内的"进口替代"。如果空闲时间比钱多，那么自己能干的事为什么还花钱雇人呢？任何政府都鼓励和提倡国家范畴的"进口替代"，但是到了个人和家庭范畴，政府就没那么乐意了。因为这个新的增长板块是无形的，生产力看起来并没有像我们所期望的那样带来产出的增加，也没有带来传统的就业机会。

政府和失业的人们要注意了，这并不是暂时的矛盾。社会和个人将不得不越来越习惯自助经济成为新的增长板块。不管我们愿意与否，都将卷入其中。科技发展意味着越来越多的人可以自己经营企业、提供服务。更多的人将会游离在组织和正规经济之外。根据经济合作与发展组织（OECD）的统计，1992 年，55 岁以上的英国人仅有 33% 的人在从事有偿工作。这并非英国的特色，这个比例在法国是 27%，在意大利仅为 11%。其余的人并不是完全无事可做，但是他们在做什么完全没有数字统计，更关键的是，也毫无社会关注度。

基于标准的经济学术语，传统的经济增长是通过把无定价工作转换为有价工作实现的，因为这样的工作可以被统计和衡量。讽刺的是，尽管经济看起来在增长，而实际上完成的工作却在减少。通过对工作定价，我们把"很多活儿"转化为"工作"，进而创造了就业，但是有些工作会因此变得过于昂贵，远超客户的预算，导致无法完成。许多时候，我们自己也干不了这些工作了，因为我们忘记了怎么干。于是这些工作就消失了。通过为工作定价，我们消灭了工作。但是我们永远不会注意到这一点，因为它们一开始就没有被纳入统计。

我的朋友曾经自己种菜，并以此为傲。他不仅免费吃菜，还能自己生产种子。从有形的经济角度，这种操作并不值得提倡，因为没有交易产生。随着年龄的增长和经济条件的改善，他觉得在种菜这件事上花时间不划算，不如花更多时间工作，并从超市买菜。有形经济因此增长了一点。但后来我朋友失业了，连最便宜的蔬菜也买不起了。不幸的是，此时他已经处理掉了菜地和工具，也没有精力重整旗鼓，只剩无聊、贫困和饥饿。经济又滑落回来，但是这时，在我朋友的小屋里，更少的蔬菜被消费，更多的闲散和不满在滋生。通过给工作定价，我朋友最终毁掉了他的工作。

这个故事像是富裕社会的一个隐喻：社会通过给工作定价，逐渐地把越来越多的工作拉进正规经济的体系里，进而鼓励专业和效率。但结果，新定价的工作没了，许多市民的手艺也没了，还创造了一个一旦失业就无事可做的社会阶层。这全是好心带来的意外结果，是社会进步的副作用。而这就是现代令人焦虑不安的矛盾之一。

4. 时间的矛盾

在这个快速变化的世界，我们的时间似乎总是不够用，但是事实上我们从来没有像现在这样有这么多时间。我们有更长的寿命，我们更有效率，可以用更少的时间做事。因此，我们应该有更多的闲暇时间。可是我们却把这个奇特的商品变成竞争的武器，为了速度付出高昂的代价。难道我们不应该明智地把价格标签从时间上撕掉，给自己一点发呆的时间吗？

我们曾经很清楚在什么时间做什么。英国公共政策研究所的帕特里夏·休伊特（Patricia Hewitt）说得特别好：男人花在工作上的时间决定了他们有多少时间陪伴家庭；女人花在照顾家庭上的时间决定了她们有多少时间工作。大部分男人把大部分时间花在组织或与组织相关的事上，大部分女人则把大部分时间花在家务活儿上。你可能会说，组织就是为了男人的便利而组织的。但是，时间大体都是固定的，我们都知道谁什么时候在什么地方。

但以上都是过去式了。英国只有 1/3 的工人还在朝九晚五地工作，每天的工作时长最多相差一两个小时。这种情况现在是少数了。时间的安排不再是固定的，组织需要更多的灵活性。我们必须重新思考时间以及我们赋予时间的意义。我能看到一个新的社会现象即将到来：兼职和全职工作不再壁垒分明；退休成为一个单纯的技术术语，仅代表有权领养老金了；加班像"仆人"一样，成为一个过时的概念。然而，对于很多人来说，时间会越来越不均衡，他们的生活也在失衡。有人有大把时间却不知道做什么，也有人想做什么却没时间去做。

组织为了自身利益开始重新思考时间的问题。它们突然发现，原来一周是 168 个小时，而不是 40 个小时。沉睡的资产不赚钱。既然世界上有一半的人都清醒着，既然顾客喜欢在下班后和周末时逛街，既然有人愿意在其他人睡觉的时候工作，那么我们为什么一周要歇业 128 个小时？于是，大部分的工厂都像加工厂一样 24 小时开工，金融公司开设了夜班，伦敦的商店营业到晚上九十点钟，连周日也不歇业。在伦敦南部的旺兹沃思（Wandsworth），学校原本为了学生回家帮忙秋收设置了长长的暑假，现在也取消了，变成了设置五个 8 周的学期。时间的分界不再神圣不可侵犯。

现在的组织设计了一长串各种重新分配时间的方式，弹性工作制已经不新鲜了。但如果我们改成每周工作 35 小时，弹性工作制就可以是每个工作日多休息一小时，或者每周五下午休息，或者每双周工作9天等。还有给新晋父母的兼职工作、退休前的兼职工作、两个人一个岗位的共享工作、定期工作、周末工作、每周4天每天10小时的工作，或者每双周8天的工作、按年签约的合同工、零工时合同工（按需要到岗）、育儿假、离职长假、学术休假（美国某些大学给大学教师每7年有一次休假）、时间银行（在几年里累积假期的权利）和个性化的小时工，员工个人还可以跟他们的老板协商每周或者每个月的工作时间表。

表面上看，现在的工作足够灵活地适配每个人。那么为什么波士顿学院（Boston College）首席研究员朱丽叶·肖尔（Juliet Schor）要写一本书叫《过度劳累的美国人》，还能销售火爆呢？这本书一定是引发了公众的某种共鸣。她发现，当时美国人比20年前平均每年多工作164个小时，约等于多工作一个月。如果照这个趋势持续下去，当时美国人平均每周工作47个小时，20年后，他们每周要在工作上花60个小时，年度工时将达到3000个小时。1989年，英国的这一数字是1856个小时。为什么工作这么久？肖尔表示，有两方面的原因：一方面，组织希望雇用更少的人工作更长的时间，这样可以节省房租等经费；另一方面，个人需要钱。而且这个用时间换钱的浮士德式交易还创造了一个工作与消费的潜在循环，人们越来越依赖消费找寻满足感和人生的意义。

矛盾的是，人们似乎知道这很愚蠢。根据美国劳工部的调查，1978年，84%的人表示愿意牺牲未来收入的增长，以换取更多时间。其中差不多一半的人愿意放弃全部增长。在英国，法国左翼思想家安德烈·高兹（André Gorz）曾记录了热爱加班的鞋厂工人的生活。当困难时期来袭，工厂开始实施共享工作，那些追求把所有额外时间都用来加班（包括周末和节假日）的员工发现自己闲下来了。一名工人表示：

"我们的身体难以置信地开始恢复了，对金钱的渴望也慢慢变淡。我们确实损失了很多钱（占以前收入的 25%），但很快地，只有一两个家伙还在意这事。大概从这时候开始……友谊出现了，我们的话题不再局限于政治，我们开始聊爱情、嫉妒和家庭生活……也是在这个时候，我们意识到周六下午或者晚上在工厂加班是件很可怕的事……我们重新认识到生活的意义。"

肖尔表示，在过去 50 年生产力发展带来的各种好处中，我们看似已经决定选择金钱，而不是时间。工作和消费已经成为习惯。当然，她也率先认识到，实际上，对于有些人来说，他们没得选。大约 1/3 的美国工人全职赚的钱还不足以让自己摆脱贫困，在英国也是如此，数以百万计的家庭只能通过加班、兼职或者各种零活才能勉强糊口。

他们会心甘情愿地花更多时间来赚更多钱，只是为了谋生，为了糊口。当我们把时间变成一种商品时，当我们的组织购买人们的时间而非他们的产品时，麻烦就开始了。因为在这种情况下，售卖越多的时间，赚的钱就越多。然后，时间和金钱就会不可避免地发生冲突。组织出于自身利益开始变得挑剔。如果它们需要人们更少的时间，就采取时薪的方式；如果需要人们更多的时间，就按年薪付费。因为按照后者支付，员工多干的每一小时都是免费的。

于是，时间变成了一种令人困惑的商品。有人花钱为了省时间，有人花时间为了赚钱，还有人会在生命的某个阶段用金钱换取时间，宁愿少工作少赚钱。这一切让时间作为一种商品，充满了矛盾，但时间在我们的社会中越来越重要。

忙碌的人，如果他们负担得起，会花钱省时间，比如，他们会购买节省时间的家用电器、预制菜和家政服务；相比公共汽车，他们会更愿意选择出租车；他们会选择雇人照看孩子和花园，而不是自己做，以此节省时间去做他们想做的事。他们的需求创造了重要的市场机会。而另一方面，不忙的人花钱买时间，买旅行时间、学习时间、游戏时间、健身时间等。当然，在自助经济中，有时间的人会花时间做他们曾经雇人做的事。因此，时间创造了新的经济增长板块：私人服务业，帮助忙碌的人省时间；教育、医疗、旅行和休闲娱乐业，帮助有钱有闲的人消磨时间；还有很多帮人花钱省时间的家用电器和食材。或许并非偶然，这些新增长领域的最佳服务不是由大公司提供的，而是由小型独立工作者提供定制化、本地化的交付。这些独立工作者还可能通过特许经营或者网络连接成更大的服务组合。

5. 财富的矛盾

归根结底，经济增长就是有更多的人想要更多的东西。纵观全球，我们应该是不缺乏增长潜力的。然而，如果只看富裕社会，我们却面临着持续走低的生育率和不断增长的平均寿命。更少的新生儿意味着更少的潜在消费者，更长的寿命则通常意味着更贫穷、更挑剔的消费者。老年人，即使有钱，也处于删繁就简、交班传承的人生阶段，不会再大肆消费。富裕社会的消费者快耗尽了。

但是，在富裕社会以外，发展中国家的贫困地区并非如此，它们的人口在快速增长。不过，大部分我们迫切希望销售的商品，他们都买不起。他们要先有资金和技术，制造东西卖给我们，才有能力购买我们的商品。我们将不得不通过投资我们的潜在竞争对手，来推动自身的增长。没有哪个政府能够说服民众接受这个矛盾。虽然跨国企业已经预见到，选择成本更低廉的地区，输出技术，组织生产，无论这个地方在哪都非常符合股东的权益。但短期来看，对于曾在本土工厂中工作过的工人来说，我们输出制造业和技术，而不是出口商品，绝对是个坏消息。从更富裕的国际环境中获益的是他们的孩子，而不是他们自己。他们会愿意做出这种牺牲吗？

回到本土，以上问题的传统解法是在那些有钱人中创造更多的需求。增长，主要是由美国经济学家凡勃伦（Veblen）在 100 年前所提出的"炫耀性消费"推动的，也就是人们攀比的需求。因此，社会所必需的增长越来越依赖社会中的嫉妒之风，社会分裂进一步加剧。矛盾又产生了。然而，一些迹象表明，"Gucci 因素"，即基于嫉妒的高级时装奢侈品行业，可能在 20 世纪 80 年代就随其同名公司一起达到了顶峰。《金融时报》称，这是"豪华的消亡"。巴黎的高级时装屋担心不再有人愿意为它们的商品买单。消费者变得越来越精明，对炫耀性消费不再那么感兴趣，并开始频繁地问"这东西好用吗""它耐用吗"。矛盾的是，我们难以定义这是好消息还是坏消息。这对经济增长不利，但却符合常识。

6. 组织的矛盾

我们曾认为我们非常了解如何管理组织。现在，我们更了解了。现在的组织既要国际化，又要本土化；既要小巧敏捷，又要庞大强壮；既要关键时刻能集权，又要日常运营够扁平。它们希望员工可以既自治又高度服从，管理者可以既充分授权又全盘操控。查尔斯·萨维奇（Charles Savage）

在他的《第五代管理》中记录了一段管理者对新员工的讲话，很妙地总结了这个矛盾："好消息是你有 120 000 个人为你工作，坏消息是他们自己不知道。"

伦敦商学院教授约翰·斯托普福德（John Stopford）和伦敦城市大学卡斯商学院教授查尔斯·贝登－夫勒（Charles Baden-Fuller），在他们关于企业复兴的研究中发现，成功的企业都是能够与矛盾或者他们所说的"既要又要"的困境共生的。它们不得不既要计划周密，又要灵活机动；既要差异化营销，又要整合营销；既要找寻大众市场又要关注细分需求；既要引入新技术，又要允许员工做自己命运的主人；既要保证多样化、高质量和够时尚，又要确保低成本。总而言之，它们必须找到调和对立双方的方法，而不是简单的二选一。

查尔斯·汉普登－特纳（Charles Hampden-Turner）在他关于企业文化的著作中，同样关注到组织不可避免的两难困境。他表示，经理人必须成为"矛盾的主人"，将各种不可避免的困境冲击变成良性而非恶性的循环。他引用了伯克利顾问默里迪恩（Meridian）的表述：希腊神话中的女海妖斯库拉（Scylla）守护着海峡的一侧，海峡的另一侧是名为卡律布狄斯（Charybdis）的漩涡。奥德修斯和他的水手们必须在海妖守护的礁石和漩涡之间周旋。默里迪恩用这个故事比喻组织要同时具有坚硬和柔软的双重特征。既是结构化的、受控的，又是灵活的、反应敏锐的。对于成功企业来说，二者缺一不可。

这些作者说的像我们一看到一个组织，就会知道它可能充满了矛盾。未来的组织可能并不这么容易识别。当智力成为主要资产，组织会更像项目组的集合，有些是永久的，有些是临时的，有些是多方联合的。与其说组织是座城堡，是守卫者毕生的家园，不如说，它更像一栋公寓楼，是临时居住者为了相互便利而聚集在一起的社团。事实上，公寓楼可能没有任何物理上的存在，因为项目组或项目集群不需要都在一个地方。这引发了所谓"虚拟公司"的说法，这样的公司可能在计算机屏幕里比在现实世界更容易辨认。未来领导者面临的挑战是管理一个从任何意义上都与过往不同的组织。

然而，这是一个必须战胜的挑战。因为这些部分不可见的极简组织是世界的关键支柱。大多数人可能不隶属于它们，但是我们会售卖服务给它们。社会的财富要依赖它们，它们最终将是我们美好生活的源泉。从某种意义上讲，组织的时代可能即将结束，全职员工会成为少数，而且即便是全职员工，在组织里的时间也不会超过一个成年人生活的一半。但是，从另一种意义上讲，无论未来的组织是何种形态，它都将是社会决定性的组成部分。组织将会组织工作，而不再需要雇用员工。那个组织型组织会与现在的就业型组织看起来大不相同。作为组织，它可能不再那么引人注目，但我们不能因此认为它不重要。

7. 衰老的矛盾

我们都终将老去，但是每一代人老去的方式各不相同，学术上称之为同期群因素。每一个同期群或者每一代人都受到自身历史的影响。我的孩子不太可能与我拥有相同的生命周期，正如我与我父母的生命周期也截然不同。我父母那代人见证过一次世界大战，有些人还见证过两次。他们经历过 20 世纪 30 年代那场漫长而深刻的经济衰退。他们把安全看得重于一切，期望并且几乎就是工作到了人生的最后一刻。

社会对他们的孩子也抱有同样的期望，其实不然。对于我们这一代人来说，很多人在五十多岁时就基本找不到组织内部的工作了，我们遇到了父辈闻所未闻的"中年危机"。变革在加速，世界在变小。儿童不再轻易夭折或在战争中丧生，于是我们计划组建更小的家庭——只生一个孩子，而不是三个孩子。我们遇到的问题是新的，遭遇的危机是不同的，然而社会仍在按照上一代的模式运行。养老金计划、社会期望等都不再适用，都需要时间去改变。

变革还会在下一代重演。与上一代的同龄人不同，我的孩子们会发现传统的工作和职业更难获得了。他们的工作生涯将开始得更晚，结束得更早，在青春期和成年期中间形成了一个他们的父母从不知道的鸿沟。他们和我们都不知道如何填补这个鸿沟。他们的亲密关系也与我们不同。他们在没有战争的情况下长大，所以他们的计划和生活会更加无忧无虑。他们的教育即使不是终生的，也会持续更长的时间。女性一生中的大部分时间都要从事有偿工作，男女双方可能都想要且需要找到抚养和教育孩子的空闲时间。生孩子是一个决定，而不是偶然的意外。两性角色也会发生变化，并且随之而来的是价值观和优先级的变化。

衰老的矛盾就是，每一代人都认为自己与前辈的差异是合情合理的，但是每一代人都预期后辈会跟自己一样。这一次真的需要改变了。

8. 个体的矛盾

社会上常常充斥着两种声音。一种声音敦促我们发现"真实的自我"：做自己，规划自己的人生道路，在尊重他人权利的同时，坚持忠于自己的权利。个人主义在里根和撒切尔时代声名狼藉，在"企业"的面具下，被用来为肆无忌惮地追求私人利益辩护。然而，在更古老的过去，个人主义是英国的光荣传统，它汲取了达尔文自力更生的思想，见证了诸多特立独行者和意见领袖的诞生。现在，它又恢复了荣光，让世人认为做自己是受人尊敬和值得推崇的。

另一种声音则来自前台接待员或会议组织者："你代表谁""你隶属于谁""你来自哪个组织"，独自在家工作的英国作家安东尼·桑普森（Anthony Sampson）历数他与前台和电话转接员的问题，他说："我很想回答说，我代表人类……不可剥夺的生命权、自由权和生存权。但是这样说没法让我接通总机。我必须回答我不代表任何人，或者'我只是个朋友'。在会议上，我感觉更奇怪，每个人似乎都代表某个公司、组织或团体。"第一家现代公司标准石油公司（Standard Oil）的创始人约翰·D.洛克菲勒（John D. Rockefeller）曾说过："合作的时代到来了，个人主义已经一去不复返。"他只说对了一部分。麻省理工学院的一项研究比较了美国和日本的工作方法，确实得出了这样的结论：如果美国工人想获得与日本工人一样的生产力，他们必须在个人主义与团队协作间找到平衡。然而，日本人也在试图找寻一些个人主义和创意，来平衡协作带来的从众压力。

这是个矛盾。多年前，荣格（Jung）对此给过一个极其精妙的表述：我们需要他人才能真正做自己。"我"需要"我们"才能成为全部的"我"。然而，抬头看看，在每座城市的格子间里，在那些像是盒子堆砌起来的、高耸入云的高楼大厦里，在拥挤的机舱和航站楼里，人们不得不怀疑还有多少空间真正留给"我"。桑普森提醒我们，正如英国诗人豪斯曼（A. E. Housman）在一首诗中所写的："我，一个陌生人，在一个我从未创造过的世界里充满恐惧。"我们一定想知道，谁是我们想要归属的"我们"。是那个极简虚拟组织吗？是我们现在所在郊区的"边缘城市"吗？还是那个消失的家族？个人的社交网能替代以上这些吗？

9. 正义的矛盾

正义是社会的纽带。我们很高兴我们所属的社会能公平地对待我们，给予我们应得的，不偏不倚。问题是，"给予每个人应得的"就意味着各种各样的矛盾。比如，它意味着给我们应得的，无论是对成就的奖励还是对犯罪的惩罚。此外，它可能意味着给予我们所需要的。各政党各执一词，并都声称自己是正义的政党。两者都是正确的。

迈克尔·杨（Michael Young）在 30 年前很好地总结了分配正义的困境：

> "人们可以说，给一个人的钱比给另一个人的钱多是错误的，因为应该按需分配。也可以说，懒惰的科学家比勤劳的清洁工赚更多钱是错误的，因为应该按努力分配。有人可能会说，付给聪明人的钱比给笨蛋的钱多是错误的，因为社会应该补偿基因的不公平。还有人说，给笨蛋的钱比给聪明人的钱多是错误的，因为不快乐常常是聪明人的宿命，社会应该补偿不快乐。（没人能对聪明人做什么，反正他们就是会很痛苦。）还可以说，一个在英国上斯劳特村过着漫长而宁静生活的人和一个把自己奉献给知识的疲惫的科学家，二者如果赚的一样多是错误的。还有人说，喜欢自己工作的人和不喜欢自己工作的人赚的一样多，也是错误的。众说纷纭。而无论哪种说法，总是能得到正义的支持。"

30 年过去了，困境依然存在。一些人认为，正义需要公平地对待每个人，那才是平等——除非有很好的理由支持不平等待遇。这对失败者来说是公平的，但是对那些也许"值得"获得更多的人来说就不那么公平了，因为他们贡献了更多。显而易见的是，一个被认为不公正的社会不会赢得公民的忠诚和承诺。除了自私，没有任何充分的理由支持不公平。这样的社会注定会自我毁灭。

　　资本主义的繁荣基于分配正义的第一个定义——成就最大的人应该获得的最多。但是，如果忽视了与它对立的那个定义，即那些最需要的人的需求应该得到满足，这个社会也无法长久地被信赖和忍耐。换句话说，资本主义所依赖的基本原则就是不平等，有些人可能就是比其他人做得更好。但是，只有在大多数人有平等的机会追求这种不平等时，资本主义才能被接受。这是一个我们不能够忽视的矛盾。

第二部分

找到平衡：穿越矛盾的途径

—

THE EMPTY RAINCOAT

Making Sense of the Future

　　矛盾之所以令人困惑，是因为事物的运行方式与我们本能的预期不符。这次运行良好，不能保证下次同样奏效。当每次经济复苏能吸纳的就业少于前次时，似乎都非常令人惊讶。我们没有考虑到组织的矛盾，也不知道组织可以在不雇用更多劳动力的情况下实现增长，尽管组织对此也是后知后觉。管理者习惯于将组织视为政策传递的工具，他们没有注意到现在只有 55% 的员工是全职员工，而且这部分人只占劳动年龄人口总数的 38%。组织型组织与就业型组织大不相同。管理者需要重塑他们的世界观。

　　矛盾令人困惑，还因为我们被要求与矛盾共生，与对立双方共存。工作的标价将会很高或者为零。"选取中间定价，给每个人同样的薪酬"这样的方案说得轻巧，但却是错误的、行不通的。我们必须学会与对立共存。

　　与对立双方共存，乍一看是个轻则优柔寡断、重则精神分裂的秘诀。其实不至于。我的岳母就既慷慨又抠门，当然她认为自己很节俭。我们都知道并且理解她的处事逻辑。我们自己也可以在同一时间内制定明年的搬家计划和今天的晚餐菜单。父母可以同时对孩子既严厉又温柔，如果他们做得对，孩子会理解的。组织也一样，可以有张有弛，既深谋远虑，又细致入微。我们都会在日常生活中遇到和处理矛盾，当我们习惯了它、理解了它时，矛盾就不麻烦了。九大主要矛盾或许是新概念，或许是最近才被重视起来，但是矛盾一直伴随着我们。

　　然而，理解才是关键。我们不能随意或随机地平衡对立双方，或者在二者间切换。如果没有清晰的逻辑或理由，平衡和转换都会让接受信息的人非常困惑，也会让试图找寻平衡的人崩溃。不理解就不可能执行好。与矛盾共存就像玩跷跷板，如果你和跷跷板另一端的人都会玩，那么这个游戏会非常令人开心。但是，如果你的对手不会玩，或者故意破坏这个游戏，那么你大概率会受到非常令人难受和意外的打击。孩子们都很了解这个游戏，常常通过破坏相互理解，收获恶作剧的快乐。

跷跷板如此，生活也如此。了解了事物的运行原理和方式，我们就能够忍受人生的起起落落，了解对立双方对彼此的必要性。我们甚至会意识到，想玩好跷跷板，要有一个与我们旗鼓相当的对手。接下来，在本书的这一部分中，我会为大家介绍与对立面共存的三大普遍原理，你可以称之为跷跷板规则。第三部分会基于这些原理，给大家分享一些在工作、组织和社会中常见的例子。

第三章

S 型曲线

去往戴维酒吧的路

威克洛山脉位于爱尔兰都柏林的郊外，那里的自然景观非常漂亮。作为一个出生在那里的爱尔兰人，我总是尽可能多地回来。那是个光秃秃的、人迹罕至的地方，如果道路没有标记，我仍然会迷路。有一次，我停下来问路。"当然，这很简单，"一个当地人回答我，"沿着这条路一直走，过一会儿，你会遇到一座桥，桥那边就是戴维酒吧。你肯定看得到。""好的，我知道了，一直走就是戴维酒吧。""没错，在你到达那里之前半英里的地方，右转上山。"

听起来很清楚，我对他表达了感谢，开车走了。等我意识到这逻辑有问题的时候，他已经没影了。在我沿途琢磨从哪条路向右转时，我突然反应过来，他给了我一个生动的关于矛盾的例子，甚至是一个关于我们这个时代的矛盾的例子：当你知道该往哪走时，想去那已经太晚了；或者更戏剧性的是，如果你继续沿着当前的道路前进，你会错过通向未来的路。

正如给我指路的这个爱尔兰人一样，事后回顾很容易讲清楚，但如果我们认为自己可以以此向前预测，这是行不通的。许多经济学家都知道其中的成本。世界在不断变化。成功的主要矛盾之一就是，让你走到今天的那些方式方法，很少能让你继续保持在这个位置。如果你认为它们依然有效，认为未来是你过往的延续，所以你知道通向未来的道路，那么最终你可能会一无所有，只能在戴维酒吧里沉浸在伤感中缅怀过去。

我的爱尔兰朋友不自知地向我介绍了 S 型曲线（Sigmoid Curve；相对于第二曲线，S 型曲线被称作第一曲线），这条曲线解释了我们目前诸多的不满和困惑。这条曲线和相关的内容就是穿越矛盾的第一个途径，也是在矛盾中找寻平衡的三个手段中的第一个。

S 型曲线

S 型曲线是一条 S 形状的曲线，自古以来就不断地引发人们的兴趣。

S 型曲线总结了生命本身的故事：慢慢地起步，试探着前行，步履蹒跚地攀登，登顶，然后衰落。这是大英帝国的故事，也是其他帝国的故事；这是产品生命周期的故事，也是许多公司兴衰的故事；它甚至描述了爱情

和亲密关系的历程。如果仅此而已，那它将是一个非常令人沮丧的图。除了定位某个人处于曲线的哪个位置，以及底部的刻度应该使用什么时间单位，我们似乎没什么可讨论的。而且那些时间单位也令人沮丧地越变越小。曾经它们是几十年甚至几百年，现在它们是几年甚至几个月。时代变化的步伐不断加速，各种 S 型曲线也随之缩短。

万幸，曲线之外还有生命。持续增长的秘诀是，在第一曲线逐渐没落前，开始一个新的曲线。启动第二曲线的正确位置是在 A 点。在这个时点，第一曲线还尚未走下坡路，我们有足够的时间、资源和精力去熬过新曲线起始阶段的探索和挣扎。

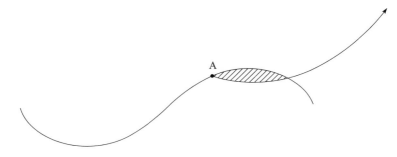

看起来很明显，在 A 点，尽管并非事实，但是所有向个人和组织涌来的信息都是形势一片大好。此时，改变原本运行良好的操作看起来很蠢。我们所了解的变革，无论是个人还是组织的变革，都告诉我们，只有危机迫近眼前，变革的动力才会真的出现，也就是在第一曲线的 B 点。

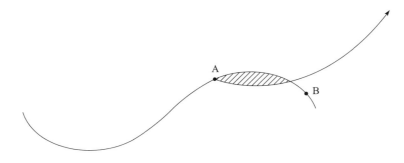

　　然而，在这一点，想要把自己拉升到第二曲线的高度，我们将需要付出巨大的努力。更糟的是，当前的领导者已经信誉扫地，因为看起来是他带领组织走向了衰落，组织的资源耗尽、士气低迷。对于个人来讲，类似裁员这类很典型的事件就发生在 B 点。我们想要在这一点重新调动资源，重建巅峰时的信用，是非常困难的。因此，我们并不惊讶，很多人在这一点变得抑郁；很多企业总是在这一点时引入新高管来发起变革。因为只有目前情势外的新人，才有足够的可靠性和不同的视角，将组织带到第二曲线。

　　能够在 A 点启动第二曲线的组织是非常明智的，因为这就是穿越矛盾的途径——在维持现状的同时构建新的未来。然而，这也不是问题的终结。无论是新产品、新运营方法、新战略，还是新文化，第二曲线都将与第一曲线显著不同，而且必须不同。人也必须不同。启动第二曲线的人一定不是领导过第一曲线的人。一方面，那些原本的领导者需要尽力延续第一曲线，以便为第二曲线的起始阶段提供支持；另一方面，他们即便理智上意识到新曲线的必要性，情感上也会很难放弃正运行良好的第一曲线。在一段时间内，新思想、新员工必须要与旧思想、老员工共存，直到第二曲线建立，第一曲线衰落。

　　因此，在顶峰下面的阴影部分是一段混乱的时期。两种或更多的思想为未来而竞争。不管第一曲线的领导者多么明智、多么与人为善，他们都会在第一曲线衰落时担心个人的未来。扶持别人、规划自己的离开和去职，需要巨大的前瞻力和更宽宏大度的心胸，能够做到这些的人才能保证组织的更新迭代和持续增长。

　　即便领导层有这样的远见卓识，我也不能假装构建第二曲线是轻而易举的。我曾看到过一家大公司的董事长对他的团队说："今天我有两个信息给你们：第一，我想告诉各位，我们是一家非常成功的企业，或许是前所未有的成功；第二，我必须提醒大家，如果我们想要继续取得成功，就必须彻底改变现在的工作方式。"他继续解释，为什么他预见了他们需要全新的答案来响应与现在截然不同的未来，但是根本没人听。第一个信息淹没了第二个信息。他们认为，如果他们如此成功，改变是愚蠢的。但董事长是正确的，他就站在 A 点，并且预见了山峰的走势，但是他没能实施改革。三年后，这家公司来到了 B 点，他们知道必须改变了，但是他们第一个攻击和解雇的人就是那位董事长。他不再可信，虽然他坚信自己是正确的，但是同事却不再钟爱他。

组织如此，个人和他们的亲密关系也是如此。一个美好的人生可能就是，一连串在第一曲线结束前兴起的第二曲线。生活的重心随着成长和衰老不断迁移。每一段亲密关系都会时常需要他们的第二曲线。很多时候，夫妻双方都固守自己的旧习惯和旧约定太长时间。当他们意识到需要第二曲线时，感情往往已经滑落到了 B 点，这时想携手前行已经太迟了，他们找到了其他的伴侣。我常常开玩笑说，我与同一个爱人在自己的第二段婚姻中。这样成本更低，因为我们及时地、携手找到了那条全新的第二曲线。我不否认，在顶峰下方的阴影阶段非常难熬，因为我们在尝试新的相处之道时，还要努力保持过往的美好。

不断攀上新高峰的资本主义，可能也不得不重塑自己。很多我们认为理所当然的事情可能会成为进步的阻碍，而非助力。在英国，君主制和司法制度仍不健全，几乎没有机构确信自己仍处于上升曲线上。我们要求政治家引领第二曲线，同时我们还要求他们不要破坏第一曲线。在我们自己的生活里，我们感觉到还有另一座山要翻越，因为寿命在变长，生命在变广阔，但是我们不知道那座山在哪。我们中的许多人都生活在那个阴影区域，担心第一曲线会在我们找到第二曲线前就急转直下。

　　第二曲线就是去戴维酒吧路上，那个右转上山的路。我们站在十字路口，为未来问路。忠诚、责任等许多词都失去了曾经的分量。自由、选择和权利这些词，在现实中比看起来要复杂得多。曾经显而易见的事，比如经济增长的必要性，现在被用各种限制条件困住了。我们原以为了解组织管理，但是今天的组织与我们认识的组织毫无相似之处。我们不得不重新思考，以便在为时已晚前找到管理的第二曲线；同时，我们必须保持第一曲线。只要做到这一点，我们将会在未来和现在之间保持平衡。我们能够设法忍受矛盾，因为我们理解正在发生的事情。

第二曲线的训练

　　我发现，S型曲线的概念帮助很多人和机构看清了当前的困惑。然而，他们总是会问："我们如何知道自己处于第一曲线的什么位置呢？"回答这个问题的一种方式是，要求他们自己做个人／组织的处境评估——画出他们所看到的第一曲线，并标记自己的位置。几乎所有人在坦露自己对曲线的看法时，都一致认为：他们在曲线上的位置比此前所承认的要靠后。相较于A点，大家都更接近B点。

　　像戴维酒吧的故事那样，大家只有在回顾来路时，才能准确地知道自己在曲线上的位置，而且看清别人的处境总比看清自己的处境更容易。我们必须靠猜测和假设前行，这种事情没什么科学依据。

　　第二曲线的训练，要求我们永远假设自己在第一曲线的峰值附近（即A点），并应该开始准备第二曲线。组织应该假设当前的战略在两三年内就会被取代，产品生命周期也会比预期更短。麦肯锡公司的荣休董事、合伙人理查德·N. 福斯特（Richard N. Foster）为了找寻企业长青的秘诀，在长达 18 年的时间里跟踪研究了 208 家企业。在这些企业中，只有 3 家一直存活，53% 的企业都只存续了不到两年。从个人角度来讲，大家也应该假设，生活不会一成不变，每两三年就应该找寻新的方向。

即便假设是错的，当前的趋势可以持续更久，第一曲线实际处于起步期，这也没关系。我们只是完成了第二曲线的探索，并没有失去什么。我们不需要在第二曲线取代第一曲线前，就全力投入。只要第一曲线还在攀升，我们就可以保持现状。让双线并行成为习惯。

保持规划第二曲线的训练本身就会产生效果。它会强迫我们不断挑战第一曲线的种种假设，设想其他的可能性。人们很容易认为世界总是这样安排的，并欺骗自己什么都不会改变。第二曲线的训练使人保持怀疑、好奇和创造性——这是变革时代必不可少的态度，也是应对这个时代诸多矛盾的最佳方式。

传统的创新周期有四个阶段，第二曲线的训练也是如此。首先是提问。其次是问题激发了新想法、新可能和新假想。再次是尝试性地和实验性地测试，从而找出最优解。最后，对结果进行重新评估。前两个阶段除了思考的时间，基本没有成本，并可能非常令人兴奋，尤其是从一些全新的假设开始——"如果我们现在不存在，我们会重新创造自己吗？如果重来，我们会是什么样子？"或者，在第二曲线思维中有一个更个人化的例子："如果我们不住在这里，没有在做我们正在做的事情，如果我们有机会重新开始，我们会做什么？我们会在哪里？我们会如何生活？"第二曲线的训练要求是，我们不可以重新创造同样的生活，因为那只是第一曲线的延续。第二曲线，尽管构建和生长于第一曲线之上，但总该别出心裁。

约翰·奥尼尔（John O'Neil）在他关于领导者个人更新的书《成功的悖论》中，使用了第二曲线模型来描述领导者如何在生活中继续前进或不继续前进。他指出，最重要的是让过去成为过去。如果一个人对以前的事情过于执着，就很难再有任何不同。一直沉湎于过去，最后往往是追悔莫及。他以奥德修斯为例，这位年轻的勇士十分执着于自己曾擅长的漫游奔袭，以至于他罔顾职责，花了20年时间才从特洛伊战场回到他的伊萨卡王国。当他终于回到故国时，他已是一个失败的指挥官，衣衫褴褛，他的王国也一片狼藉。这是一个不想长大的人留下的故事。

当一个人的成功来得太早时，他就越发难以在风光不再时从容离去。当从巅峰跌落的约恩·博格返回球场，试图重夺辉煌时，我们不胜唏嘘。摆脱成功远比摆脱灾难更艰难。因此，我一直对莱昂纳多·切西尔（Leonard Cheshire）这样的人印象深刻。他是一位杰出的、英勇的英国战斗机飞行员，战争结束后，他放下这一切，着手创建为老年人和残障人士提供护理和支持的慈善机构。还有一个法国的家族企业同样给我留下了深刻的印象。他们在非常恰当的时机壮士断腕，放弃了原本赖以成名的纺织业，创办了连锁超市。"你从哪里找到的勇气去做这样完全不同的事情？"我问道。"什么都不做需要更大的勇气，"这位家族掌舵人回答道，"我们有责任为家人提供一个未来，过往虽然辉煌，但终究前路渺茫。"

曲线逻辑

放下过去，重新出发，我们需要有一个坚定的信念，即舒马赫（Schumacher）所说的曲线逻辑。相信世界上的一切都是一条S型曲线，万物皆有起落，没有什么是永生永续的。准时制生产（Just-In-Time

Manufacturing）源自日本，后来被各地效仿。建立一个持续的、按需供货的供应链物流，这想法一经提出，其优势就显而易见：削减所有仓库和存储的成本，让供应商承担库存成本，更确切地说是完全消除库存成本，只需保证运输零件的卡车"准时"到达。不幸的是，这个想法变得太流行了。据说，现在送货的车辆堵塞了东京周围所有的高速公路，即时生产已经变成了延时生产。交通拥堵的成本开始超过原本仓库的成本，更不用提那些空载的汽车尾气排放对环境的污染了。物极必反或者曲线逻辑再次出现。

如果你的第一曲线还在上升阶段，曲线逻辑在直观上并不明显。商业历史充斥着创始人的故事，他们认为自己的方式是唯一的方式。上面提到过的法国纺织企业在家族企业中非常罕见。成功的主要矛盾，即让你走到现在位置的不会帮助你留在原地，这是一堂很难学习的课程。曲线逻辑意味着推翻重来，随着年龄的增长，这会变得更加困难。因此，组织最好将曲线思维委托给下一代，他们能更清楚地看出第一曲线的走向以及第二曲线可能的样子。上一辈的工作是允许他们不同，并在下一条曲线建立时让路。要做到这一点，他们这条新的曲线必须独立于原本的体系之外。

一位女儿说："我父亲把我从美国叫回来经营特雷维索的生意，但是他仍然每天来公司，甚至周日也来。他想让我像他一样管理公司，但是我不是他。只有他允许，公司才能改变，这非常令人沮丧。"这个故事很常见。父亲没有其他事想做。公司就是他的生命，现在他也没有别的事。"在日本，我们称之为'潮湿的叶子'。"一位日本女士描述了日本女性对于退休总裁丈夫的反应。"你知道潮湿的叶子是什么样子吗？他们就在那粘着，退而不休！"想要曲线逻辑在组织内奏效，第一曲线的英雄必须要在组织之外找回生活。

从表面上看，可口可乐公司是第二曲线概念最大的例外。在104年的时间里，它用相同的包装售卖同一种产品，连广告都做得差不多，唯一一次改变配方还被消费者强迫改回去了。然而，它的秘诀可能就是铭刻在总部和所有员工脑海中的这句话"世界属于不满足于现状的人"。这是其早期的董事长罗伯特·伍德拉夫（Robert Woodruff）最喜欢的一句话。他警惕自满，提倡终生好奇，这正是第二曲线所渴望的。据说，可口可乐的日本公司每个月都试销一种新软饮或者其他产品。即便大多数产品都测试失败了，但是这保持了生机勃勃的探索精神。一旦可口可乐延续了104年的曲线下行时，它希望自己是准备好了的。

当然，对此，日本人有他们自己的专有词——Kaizen（持续改善），一种源于丰田公司在生产、机械和商务管理中持续改进的管理方法。Kaizen背后的假设也是本书背后的假设——在一个变化的世界里，永远没有完美答案。因此，我们必须永不停歇地寻找。美体小铺（The Body Shop）的创始人安妮塔·罗迪克（Anita Roddick）更简洁地总结道："美体小铺成功的原因就是我们并不知道规则。"只要他们保持这样的思考方式，他们就会兴旺发展。自满是好奇的敌人。

荷兰皇家壳牌集团还有另一种方法，他们称之为"情景规划"。规划小组的早期成员之一彼得·施瓦茨（Peter Schwartz）在他的著作《远见的艺术》（*The Art of the Long View*）中对此进行了很好的解释。一群高管在外部人士的帮助下，花了一年甚至更长时间为石油行业，以及其运营所在的国家和文化拟订各种备选方案。这些备选方案不是行动方案，而是各种可能性，故意设置各种相反的极端情况。规划小组以教育的形式向公司在世界各地的负责人展示这些情景，要求他们思考：任何一种情景发生了，他们要如何应对。壳牌公司不希望出现意外。但即使20世纪70年代的石油危机出现了，他们也不惊讶。他们的第二曲线思维已经准备好了如何面对。施瓦茨说："在美国军队的案例里，并非如此。他们制作了各种应急计划，但是他们从没问过这样的情景问题——如果我们赢了，怎么办？当他们真的获胜时，他们不知道该做什么了。"

彼得·圣吉（Peter Senge）在他关于学习型组织的经典著作中提醒我们，我们的心智模式或个人情节对学习过程至关重要。我们都有思维定式，例如，职业生涯持续到 65 岁，或者每次跳槽换工作都一定是升职。我们需要检查这些假设是否仍然有效，因为它们将我们锁定在现有的曲线中，它们抑制了第二曲线思维。我的第一本关于组织的书是 20 年前写的，我无意识地在整本书中只使用了男性代词。它成为一本标准的教科书，供学校、医院、社会服务机构以及企业的培训人员使用。我的书冒犯了许多不得不学习它的女性，因为它似乎在暗示，我这个所谓的权威认为管理中没有她们的位置。我 20 年前无意识的思维定式只反映了许多男人当时的感受，当然有些男士现在仍然这么想。这个定式思维将他们锁定在第一曲线上，这让他们很难想象另一个世界和另一种做事方式。我的那本书不仅令人反感，而且有害。

本书的许多想法都来源于第二曲线思维，这种思维认为，过去可能不是通向未来的最佳指南，我们会有另外一条路。施瓦茨所说的某些"未来的神话"将会帮助我们。然而，我们必须意识到，我们不要太早放弃第一曲线，第二曲线所需要资源和时间都依靠第一曲线来提供，它要从第一曲线中成长起来。我的小女儿听到我幻想着我们可能过的其他生活时，评价说："梦想给傻瓜插上了翅膀。"她表达了她的直觉，即未来如果要成为现实，必须根植于过去。在一个充满矛盾的时代找寻平衡的秘诀就是，让过去和未来共存于现在。

滋养第二曲线

第二曲线思维必然来自将会继承企业或社会未来的第二代。他们既需要鼓励，也需要许可。他们必须意识到，他们私下里认为的革命，可能在适当的时候就是前进的道路。新思想可以与旧思想共存。

之前有一个组织，非常偶然地公开委托一群三十出头的高管来主持第二曲线。最初，他们想要庆祝组织的25周年。他们最初的想法是回顾过去25年的发展史，但这看起来太自夸和无趣了。于是他们决定采用外部视角来展望行业未来的25年，并相信这个项目的最佳执行方式是委托团队里最聪明、最优秀的员工来勾勒他们对未来的展望，这些人或许就是组织未来的领导者。因此，这幅未来蓝图应该包含年轻人对组织的想法和建议，即组织应如何适应他们所预见的行业和世界的变化。这些年轻人被赋予了接班的责任。

我被邀请做这个项目的顾问。我加入的条件是能够公开出版该项目非涉密的部分，并希望董事会不对此进行任何审查。董事会不仅同意了我的条件，还承诺：无论具体结果是什么，他们都会邀请所有客户来参加周年庆祝会，听取项目组的研究结果，客户还将收到本次项目未经审查的研究报告。这项承诺的效果是惊人的。对于项目组来说，该项目已经不是一个设计精巧的演练了，而是一次在现有组织结构中建立新思想的尝试。项目组的年轻人们开始受到了前辈的信任，公开地展露他们的创新思想。而前辈们不仅被研究结果震撼了，还认真听进去了。他们进一步承诺：捍卫第一曲线的现状，压制第二曲线的发展是没必要的。

前辈和上级的许可和鼓励非常重要，后辈接受承担第二曲线思维的责任，也同样重要。专注于当前的紧急工作，很容易让他们拖延对第二曲线的思考，认为现在是他们分内的高优先级事项，未来是那些负责人的高优先级事项。事实上，恰恰相反。

我曾经帮忙组织了后来被称为温莎会议的活动。会议在温莎城堡中的一个小型学习中心"圣乔治之家"举行，通常用于一些有影响力的人周末小聚，私下里非正式地讨论一些社会和伦理问题。他们不可避免地会讨论现在，因为与会者正掌控现在。在一些企业的帮助和支持下，我们决定邀请能够代表下一代的有影响力的人物。这些人来自社会各界，我们相信他们会成为各自领域未来的领导者。

就这样，这个活动聚集了一位被誉为未来将军的年轻上校、一位冉冉升起的工会官员、一位才华横溢的年轻女校长、一位银行家、一些公务员、三个来自不同政党的心思缜密的青年政治家、一位活动家、一家优质报纸的新任编辑、一位电视新闻播音员、一位医生、一位律师和五个企业高管。他们都在三十出头的年纪就取得了成功，并且非常专注于自己的事业，但是这个阶段的忙碌让他们无法向外看，也无法结识工作圈子以外的人。他们都处于个人曲线的低点，并且在迅速上升。我们邀请他们来温莎城堡做客一周，就他们将继承的社会形态展开辩论和讨论，因为在未来，他们的影响力可能远超现在。

他们很少有人思考过如此广泛的问题，他们都没遭遇过如此多样的各方利益。他们的讨论一直非常富有启发和洞见，但是终极的收益其实是他们的意识——他们终将继承这个社会，他们有责任助力塑造未来的社会。这是一次刻意设计的精英主义者活动，因为如果这些即将掌握权力的人没能意识到自己塑造第二曲线的责任，那么谁能承担这份责任？他们中的许多人现在仍在见面，因为他们发现尽管大家的关注点各有不同，但都关心社会的未来——一个富裕且文明、勇于冒险且仁爱慈善的未来。在塑造第二曲线时，同伴的力量是强大的。希望他们位高权重时，不会忘记对第二曲线的承诺。

　　以上两个例子都是利用内部人。一些组织更倾向于利用外部人，认为他们可能会拥有更客观的视角和更清晰的看法。咨询顾问因为第二曲线思维带来的合同而生意兴隆。然而，思维仅是一部分。企业真正需要的是内部人的决心，这样才能贯彻到底，才能忍耐曲线向上攀升前的低谷，才能在第二曲线发展时与第一曲线共存，这些事都是外部人做不到的。要管理矛盾，你需要接受它，分析它。

第四章
甜甜圈原则

翻转的甜甜圈

我所说的这个甜甜圈是美式甜甜圈，中间有个洞的那种，而不是中间是果酱的英式甜甜圈。甜甜圈原则其实是个翻转的甜甜圈——外面是洞，中间是面团——一个想象中的甜甜圈，这是一个仅供思考而非用于品尝的概念甜甜圈。

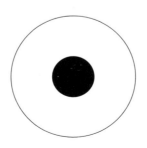

甜甜圈似乎不太可能是穿越矛盾的途径，但我希望展示的是，平衡核心与有限空间的概念对正确理解大部分生活至关重要。人生总有很多必须做的事，也有很多可以做的事，甜甜圈原则是一种在二者间找寻平衡的方法。这也是解决空雨衣问题的方法，让我们可以既当社会的工具，又做自由的个体。

以我们的工作为例，不管这工作是我们的有偿工作，还是我们生活中的无偿角色——父母、妻子、丈夫、朋友或学生。甜甜圈的内核，就是胜任以上工作和角色所必须做的事。在任何正式的工作中，这些事都会被一一罗列出来，并被称作职责。即便有时没有明文列举，大家也对这些职责心知肚明。然而，这个内核并不是甜甜圈的全部。如果它是，那么生活除了干活就没别的事了。万幸的是，我们还有外面这一圈。这个空间是我们的机会，在职责之外，做些不同的事，充分发挥我们潜力的机会。这个空间是我们生命的终极责任，这个责任远超我们的职责，就像甜甜圈大于它的内核一样。

甜甜圈图形是个概念工具，用来展示社会各机构或群体的职责与其更大的责任之间的关系。甜甜圈促使我们思考，如何在工作和生活中既信守承诺又保持灵活性。这个甜甜圈可以是一种关系，也可以是一个组织或者工作组，就像我们可以用它来展示生活中工作与家庭的平衡一样，必要义务与自由选择的两全。它是一种视觉工具，用于平衡通常看似矛盾的事物。

现在大部分的生活看起来就像甜甜圈。组织和个人都逐渐意识到他们有自己的核心——一个由必要工作和必要人员组成的核心。这个核心被一个开放、灵活的空间围绕着，而这个空间又由灵活的工人和供应商构成。如今，组织的战略问题是，把哪些人员和活动放在哪个位置。答案并非显而易见。企业要对股东负责，但企业的责任又远超于此。在股东权益和更广泛的社会责任间找寻平衡，可谓是当代资本主义的核心困境。

大多数国家的学校现在都有核心的必修课，也有自主选择的空间。这又催生了关于平衡的争议：什么课程，或者多少课程应该放在那个自主选择的空间？太多的必修课会抹杀个体学生的差异和学校的本地化特色，太多的自由裁量空间又会导致教育质量不可控。

我们可以将甜甜圈原则用于流程管理和架构设计。薪酬激励制度倾向于规定最低工资，并为期权、奖金和绩效奖金留出空间。我们对亲密关系的承诺包含了默认的基本义务，但同时也给个人差异留出空间。哈利勒·纪伯伦（Khalil Gibran）在他的诗集《先知》中写道："你们应该站在一起，但不要靠得太近。"这首诗在无数的婚礼中被朗诵，又在无数的婚姻中被忘记。每对夫妻都需要定义什么应该进入这个自由空间，以及边界是什么。我相信，没有边界的婚姻就是一个虚幻的甜甜圈，注定会失败。每对夫妻都可以利用自己的优势，画出适合自己的甜甜圈。

甜甜圈原则很早就存在了。记得那是在我的学生时代，我刚通过了大考，正在研究我的学位证。但是我的老师对我的成绩很失望。"怎么了？"我问，"我通过了，不是吗？这还不足够吗？""在你竭尽全力前，足够永远不够，"他说，"通过很简单，但是你可以做得更好，比更好还好。"足够永远不够，让我想起了16世纪英国玄学派诗人约翰·多恩（John Donne）的诗句："你做完了，不，你没有，你还有更多要做。"通过考试是基本的核心，为了填满甜甜圈，我还应该做更多。我的老师是在试图告诉我，生活不应该是个半满的甜甜圈。我余生的大部分时间都在思考我应该如何填满它。

甜甜圈原则适用于我们现在大部分的工作。"授权"这个词如果在工作中被解释成甜甜圈原则将会好很多。过去，工作就是核心工作，当然是指较低级别的工作，因为太多的自由裁量权意味着太多的不可预测。我早期的一份工作有个听着很不错的头衔：地中海地区区域（石油）营销协调员。我的朋友们对此印象深刻，但是他们不知道真实情况。真实情况是一份三页纸的工作描述概括了我全部的职责，最残酷的是最后一段："有权发起最多 10 英镑的支出。"我的甜甜圈都是内核，没有空间。这样，组织就不会感到意外，或者说，能得到它所希望的。一切都是可预测、可计划和可控制的，也是乏味和令人沮丧的。没有自我表达的空间，没有做出改变的空间，没有赋权。我的工作备忘录来自我的角色"岗位代号"，而不是我本人。我只是一个"临时角色占据者"，就像一件空雨衣。

此外，有些人的工作几乎都是空间，没有核心，也没有边界。牧师的工作有一个明显的核心——教会服务、探访病人、委员会和财务，但是他们对会众的责任是无限的。我认识的压力最大的人就是从事此类工作的人，因为工作没有尽头，没有办法让你回顾过去并说"这是伟大的一年"，因为它本来可以更伟大。从某种意义上说，他们被过度授权了。没有界限，他们很容易被内疚所压迫，因为足够永远不够。企业家陶醉于自由裁量的空间，但成功的企业家会小心翼翼地给自己设定目标和限制。即便如此，他们早期的创业经历也都是漫长的工作日，没有假期，只有以不懈的努力不断地填补核心之外的空间。一份明智的工作应该是一个平衡的甜甜圈。

两种类型的错误：做错与错过

事实上，即使在传统工作中，更多的空间并不总是受欢迎的。更多的空间意味着更多的选择，但也意味着更多出错的可能。准确说，是另外一种"出错"。统计学中有两种类型的错误。简单讲，第一种类型的错误是做错，而第二种类型的错误实际上是没有做对，或者说，没有做到完美。两者的主要区别就是，类型二意味着错过，没有挖掘或者发挥出当前形势的全部可能性，足够还不够。在传统的严格计划的世界中，一切都包含在甜甜圈的内核里，你只会看到类型一这种错误，只要没做错就算是成功。

传统的管理也是容易的，因为最高优先级的事项就是检查第一种类型的错误。整个体系的设计旨在交付不出错的结果。对于许多人来讲，生活就是别惹麻烦，随着时间的推移，按部就班地累积一份无瑕疵的履历，再像人寿保险广告一样最终按计划退休休息。曾有人这样描述一位政治家："他穿过权力的走廊，却没有留下任何的印记。"这就是避免了第一类错误的人生。

这样的人生同样缺乏第二类错误。这些错误并不在于职责本身，而在于职责之外的错过，在于本来可以做的事情却没做，徒留（甜甜圈的）一圈空白。有一天，我正在路上念叨着类似的话，突然发现英国有本很古老的祈祷书，其中有句话说得很好："我们没有做那些我们应该做的事情（类型二）；我们做了那些我们不应该做的事情（类型一）。"我曾认为，第一句话的意思是指我忽略的杂务，比如我推迟的艰难的会议、我没写的信等，但我突然意识到，这些都是第一类错误。错过的重大罪过是，我没有做的那些事本可以产生重大影响。足够还不够。

我们向往生活和工作中有更多的自由空间。更精简、扁平的组织提供了这样的空间，但是现在这些空间要由我们来填充。我们习惯了只为第一类错误负责，现在我们有了新的责任，为那些我们该做而没做的事负责。这两种责任成了新的生活真谛：空间越大，责任越大。只有当这一点被普遍接受时，我们才能拥有一个真正自由的社会。在这个社会中，你可以自由地成为你想成为的人，同时你有责任不伤害他人（类型一），也有责任让这份自由有所成就（类型二）。

同样，总有一天，我们的公共机构也会认识到，仅仅承担第一类责任，不犯错是不够的。同样重要的是，要把工作做到极致，超越预期。公共责任需要被重新定义，以包含对第二类责任的认可。英国前首相约翰·梅杰（John Major）（在执政时）提出的"英国公民宪章计划"是朝着这种认知迈出的一小步。公共机构能够认识到奖励卓越、惩罚懒政，才是更大的一步。

个人的甜甜圈

有人把工作当成生活的全部，让原本只属于内核的工作填满整个甜甜圈，几乎或者完全不留空间给其他事情。他们是正确的吗？是明智的吗？有一种观点认为，至少理论上，企业旨在解放和发展人性，让他们成为有道德、有成就的人。英国的伊丽莎白·瓦朗斯（Elizabeth Vallance）说："企业不是教会、教育和艺术机构，（人类的）生存发展不是他们的首要目标。企业寻求员工的个人发展只是为了提升企业的盈利能力。"如果她是对的，那么那些在苛刻严格的企业中寻求自我发展的人们可能会很失望。但如果他们全职为教会、教育和艺术机构工作，情况可能也好不到哪里去。从严格意义上讲，在资本主义社会的所有机构里，个人只是工具而非目的。

还有人持有相反的观点，他们认为所有工作都应该是一种使命召唤或职业，企业创造财富与医院创造健康一样有价值，一样值得做。这种说法认为，我们能够而且应该从我们的工作中得到成就感。人生没有标准答案。甜甜圈原则建议，如果你不能从现在的工作中获得生存和发展，你应该要么换工作，要么用其他的事情填补你个人甜甜圈中的空白空间。一份工作不必满足所有需求。

我曾经认为工作就应该满足所有需求。我想要找一份能够让我感兴趣和兴奋的工作，一份让我为之自豪的工作，我还想要这份工作带给我足够的钱和赚更多钱的机会。如果我需要，最好还有很好的同事、方便的办公地点和出差旅行的机会。不用说，我永远也找不到这么完美的工作。然而，有一个甜甜圈解决方案：我在生活中引入"投资组合"的思路，也就是把生活视为一系列不同的群体、活动、工作的集合，就像股票的投资组合一样，我可以从不同的事务中获得不同的东西。组合的一部分是核心，提供生活必需的资金，但是组合中还有其他工作纯粹是为了爱好或者事业，或者为了让我获得个人拓展，或者单纯就是有趣好玩。二者相互平衡。

我发现，如果钱就是你所苦恼的全部，那么单纯考虑赚钱要比你把赚钱和其他诉求捆绑起来容易得多。同样，如果你不太在意薪水，就更容易找到有吸引力和有价值的工作。当然，这意味着你应该拒绝那种每周需要干 70 个小时的工作，因为这样的工作完全不会给其他事情留空间。同时，你还应该为自己安排各种不同类型的工作，形成一个工作组合。现在我的生活就是甜甜圈形状的。我甚至可以指定我准备分配给核心活动的天数，以及留给我个人空间的天数。随着年龄的增长，我的核心区域开始缩小。我开始面临一个有趣且困难的问题，如何更好地填补核心外的空间，不辜负我对生活的责任。

越来越多的人通过加入不同的甜甜圈，得以在同一组织里为自己安排不同类型的工作组合。明智的组织也看到了这种内部组合的优势。不同的任务、不同的群体，激发了个人不同的才能，也带给了个人不同的经验。现在，一些企业积极地鼓励员工参加社区志愿者活动，允许他们占用工作的时间；还有一些组织很愿意看到他们的高管参加公共机构的活动，比如在当地的大学教课、在学校的董事会任职或者竞选政治职务。他们认为这是一种极好的发展态势，也是一种公司鼓励的构建工作组合的方式。

现在，各领域和各层面的工作都在缩小和减少工作甜甜圈的核心。如果我们坐等被别人安排工作，我们会等很长时间。如果我们要找到一条标准的人生道路或者一条确定的道路，保证我们可以走到最后，那么我们一定会失望。我们必须自己填补自己的空间。

过分强调核心的社会可能会过于严格。尽管在这种社会中，人们各得其所且各司其职，是柏拉图式的正义社会。但是，这意味着每个角色都是预先规定的，对于个人来说只有内核没有空间。在我刚去英国工作和生活的时候，这个想法还很流行，尽管其核心更多是社会决定的，而非官方规定的。那时候，着装和行为都有着严格的规范。我被告知"周日要穿棕色衣服""晚上 10 点以后不要给任何人打电话"。我很羡慕我的孩子和他们朋友的自由，他们完全不用尊重各种所谓的惯例。但是，他们可能也会承受太多空间带来的负担，他们有太多的职业选择、太多的生活方式选择。他们很难看到除了赚取生活必需品，还有什么是生活的核心。甚至如果有需要，国家还将给他们提供生活必需品。

他们可以自由设计自己的甜甜圈。最明智的做法就是给自己设定一个核心和界限，为自己想要的生活画一条基线，定义好不会触及的领域、不会做的事情和必须遵守的行为规则。一个强调权利、忽视义务的社会会给公民留下太多的空间。失业者的问题不在于他们会挨饿，而在于他们的生活没有核心。空的甜甜圈并不比只有核心的甜甜圈更容易忍受。

甜甜圈组织

工作本身不再像曾经那样，组织结构清晰。组织架构图不再是一个方格子组成的金字塔。据说，英国钢铁公司曾画过一个组织架构图，展开后可以铺满整个房间。在一些图里，方盒子被圆圈和变形虫一样的斑点所取代。客户、供应商和合作企业连接成动态的网状组织，这样的组织甚至没有清晰的起始边界。对于每个人来说，工作都不再是为雇主打工。随着组织的分散和收缩，越来越多的人将成为独立工作者。

新的工作形式将以小型组织为主，大多在服务业，以一小组人员为核心，再加上外围的各种技术人员或者工人。经济学家戴维·伯奇（David Birch）研究了1987—1991年美国的就业市场，他发现大公司在这一阶段共裁掉了240万名员工。同时，员工数少于20人的小型企业新增了400万个工作岗位，中型企业增加了140万个工作岗位，所有这些岗位也不再是低端零工。软件、电信、环境工程、健康产品及服务、专业教育等行业越来越成为小型合伙企业的主场。这类企业非常适合组合型工作者，他们不需要企业提供统一的办公地点，所以运营成本要低很多。这些小型企业甚至一些大中型企业的工作都越来越符合甜甜圈模式。

当我们观察这些新型组织时，可以非常明显地看到甜甜圈模式。在这个竞争激烈的时代，所有的企业都在努力实现 $1/2 \times 2 \times 3$ 公式，即越来越精简的核心业务组织乘以无限放大的外围合作伙伴关系：有些合作伙伴是传统供应商，有些是独立执业者，有些是兼职的外围劳动力，还有些是以合资或者其他形式合作的联盟企业。

为了削减成本，英国政府正尝试把各种传统的核心工作市场化。一些原本由核心行政部门承担的职能现在被要求与外包人员做成本和绩效比较，如果比较结果不如外包，那么这些工作就会被迁移到甜甜圈的外圈。英国国民保险的保费收缴工作就被提议进行这样的市场化测试。然而有人担心，这项工作涉及每年近400亿英镑的工资税，把如此重要的国家收入来源外包出去，实在过于冒险。他们感觉，这就应该被指定为核心工作，不受市场的影响。英国内政部正在考虑把刑事伤害赔偿委员会、港口和机场海关甚至研究和规划部门等进行外包招标。BBC（英国广播公司）也启动了饱受争议的"制片人中心制"政策，根据该政策，所有决策都必须是经过市场化测试的，也就是说，这个企业甜甜圈的平衡，依赖的是独立制片人基于短期成本角度的碎片化决策。很多人会担心这样的流程无法保证长期的战略平衡，也不是BBC甜甜圈模式的最佳选择。

现在，企业通常把原料供应商放在企业甜甜圈的外圈空间。把整个甜甜圈都纳入内部运营的垂直整合型组织已经成为过去。有些企业还把关键的服务职能外包。柯达公司认为将它的整个信息系统外包非常有意义，还有公司把战略规划外包给顾问。总之，只要你愿意，放进甜甜圈外圈空间的内容并没有什么限制，平衡才是关键。英国的行政部门担心把太多工作中的关键环节交给外部人士会影响士气。如果士气低迷导致无法招募新人才的话，短期的省钱可能导致长期的损失。我们没有简单的通用答案，这始终是一个关于找到适当平衡的问题。

人们也担心，如果合作伙伴的绑定太过紧密，他们实际上就成了组织的核心。比如，如果供应商的大部分生意都依赖一个客户，或者公司仅有一个供应商，那么甜甜圈结构的重点——灵活性也就消失了。经验表明，合同要签得灵活一点，任何外部合作伙伴的占比都不要超过产能或者需求的30%。

巴西塞氏公司（Semco）的总裁里卡多·塞姆勒（Ricardo Semler）有意地把整个公司设计成一个甜甜圈，或者他所说的双圆圈：中间是一群顾问，其他所有的工人、合伙人和协作方，用他的话说，都在外太空。然后，他们由协调员以更小的甜甜圈或者圆圈形式聚在一起。管理各种甜甜圈成了组织的新型挑战。这个挑战的困难之处在于我们要管理甜甜圈及其不同的空间，而非管理其他人的空间；我们不再是管理者与被管理者，而是甜甜圈的设计者和"居住者"。这是一种截然不同的关系，要构建在信任和相互尊重的基础上，而非基于控制。

世界各地的组织正在被重塑或者再造。它们正在瓦解，或者更确切地说，它们正打破旧的职能和工作方式，以特定的工作为中心重新组织人员、设备和系统。它们在创建工作的甜甜圈——以"任务负责制"为中心的各种小组，遵循特定的规则，拥有明确的责任（核心）以及充分的自由裁量空间，以它们认为的最好的方式完成任务。其成果是惊人的。最著名的就是福特的应付账款部门，它原本觉得减少20%的员工到400人的规模，就已经非常不错了。结果发现马自达只用了5个人就完成了这项工作。于是它又将人员缩减到100人的规模。1/2×2×3公式完胜两次。"业务再造"这个词已经被一家咨询公司申请了专利，但是其核心概念与甜甜圈一样，并不新鲜。

甜甜圈组织甚至从物理上也像甜甜圈。其中心不再是摩天大楼那样的总部，而是变得更小，更像个俱乐部，并在全国各地分散着卫星办公室或远程工作点。弗兰克·贝克尔（Frank Becker）在康奈尔大学负责一个名为"工作景观21"（Workscape 21）的美国项目。他相信，越来越多的工作人员将在中心办公室、配有电脑的家庭办公室和郊区商务园区的卫星办公室之间分配时间。中心办公室本身也会是甜甜圈形状的，围绕着"开放的公共区域"建造。公共区域将越来越像酒店的大堂或者会所的房间。

我曾与一家全国领先的办公家具制造商的高管团队会面，讨论的主题是，未来的高管办公室需要什么样的家具。我们决定从采访人力资源总监安妮塔（Anita）开始，希望通过她每周的日常工作安排来了解她会如何使用她的办公室。结果是，在过去的一个月里，安妮塔都是在酒店的房间、飞机和机场休息室、分公司的办公室以及她自己家里工作。只有两个周五下午，她是在自己的办公室度过的，她在那里主要是处理一些旅途中错过的不紧急的邮件，以及跟秘书核对日程安排。她唯一真正需要的优质"家具"就是一个包，用来装她各种零碎的电子设备。对于她来说，办公室就是一个偶尔入驻的俱乐部。

甜甜圈思维

今年对于我来说是葬礼之年。我已经听了许多份悼词，概述我那些老朋友或亲戚们的一生。那些悼词总是先讲述逝者的生平和成就，然后才是最重要和最有趣的部分——那些认识他、爱他的人对他的描述。我一次次地意识到，当我们逝去的时候，我们的甜甜圈必须是完整的。如果我们认为甜甜圈的核心是生活的必需品，是那份我们早年间勤勤恳恳编写的简历，那么非常讽刺的是，真实的我们并不在甜甜圈的核心部分，而是在整个甜甜圈中。能否在离开前填好外圈的空间，取决于我们自己，也只能取决于我们自己。

我不太知道我的朋友们在工作中真正在做些什么，我不了解任何细节。因为当我们见面时，我们只会谈论工作以外的事。而且很讽刺的是，我认为，当他们不成功时，我更喜欢他们。他们对我也是一样。因为那时，我们才有更多的空间和时间给朋友和兴趣。粗略地说，他们和我，在不太成功的时候就不那么无聊，我们的甜甜圈就有了更多空间。

我们对核心过分努力了。在我们的个人生活中，我们经常夸大必需品的重要性。人们总是想象自己需要很多东西，但实际上并不真的需要那么多。同样，人们总是渴望很多的安全感，但是实际上也不需要那么多。组织构建了远大于其需求的核心，又在它们内部的甜甜圈里强行设置了远超所需的巨大内核。世界各地的学校都给学生制定了时间表，让他们的所有时间都填满必须做的事。世界塞满了规则和义务，而真正的责任却被忽视了。规则和义务也在贬值，因为我们会本能地拒绝如此多的教条规训。没人想要一个空白的、没有责任和承诺的甜甜圈，但是一个过大的内核只会滋生无力感。

我们发现了一个矛盾，总有些人叫嚣着要求权利却忽视了责任，想要民主却期待别人为自己解决所有问题。他们从不采取行动，却擅长在别人行动时抱怨。我们总是奇怪没时间享受自己的劳动成果，但是后来又发现，当我们真的有时间时，又不知道如何享受这些成果。我们不习惯生活里的那些空间。我们背负着如此沉重的义务，却从未体会过责任的乐趣，也没体会过为某人或某事带来改变的乐趣。

过分强调核心的职责和规则的组织，还会意外地导致不信任。10欧元的自由裁量权表明其对一个人的判断力和诚信几乎没有任何信心。如果组织着迷于控制一切，员工会发现独立的唯一方式就是打破规则，而一旦规则被破坏，组织就会创造自我实现的预言。

如果我们不给人们空间，我们就不能指望有负责任的行为。当然，这会有风险，不是所有人都能掌控这样的空间和责任。甜甜圈必须根据组织和个人的能力进行调整。作为父母，随着孩子的成长，我们要给予他们更多的空间，但也要有一定的边界。否则，限制空间导致第二种类型的错误，风险会更大。太多的空间可能会导致犯错或意外，太少的空间又会导致贫瘠的一生。我们不应该成为一件空雨衣。

第五章

契约精神

记得我第一次跟中国人签合同，是在马来西亚南部，当时我是一家石油公司的经理。我的职责之一是跟中国经销商谈判代理协议。我当时很年轻，充满激情，还很天真。在某次谈判完毕后，我和经销商握手，举杯庆祝，感觉他们像是我最好的朋友。我从包里拿出公司的正式代理商协议，填好数字，准备签署。"你为什么这么做？"那个经销商很警觉地问，"如果你认为我会签字的话，你就大错特错了。""我只是写了我们达成共识的数字啊？""如果我们同意了这个数字，为什么你还需要一份法律文件？这让我怀疑你从这个协议中获得了更多，并且你还要用法律的力量强制我们执行你的条款。"他继续说，"在我们的文化里，一个好的协议是自我执行的。因为双方都会笑着离开，并且很开心看到对方也在微笑。如果一方微笑而另一方愁容满面，那协议就不可持续，无论有没有律师。"

后来我说服了他，告诉他这只是公司的常规操作，没什么特别的意义。但是这个小插曲引发了我的思考。我成长在一个"赢家通吃"的文化里，好的谈判意味着只有一方，也就是我们自己，笑着离开，还是偷着笑，以免对方猜到自己被占了便宜。谈判是为了赢，而且是以牺牲对方利益为代价的赢。然后你必须要用法律或法律的威慑力，强制执行你方的交易。而在这次谈判中，我发现，谈判是为了找寻双方共赢的方式。难怪我们的社会需要更多的律师。

我后来意识到，中国人的合同蕴含了一个原则，远远超出了达成持久商业交易的范畴。妥协之所以重要，是因为它是前进的先决条件。双方都必须容忍退让，才能实现共赢。妥协共赢需要双方的信任和对未来的信念。往大了讲，这是牺牲，愿意放弃一些现在的好处以避免未来的伤害；或者更积极地说，这是投资，用现在的花费来换取未来的收益。

不甘于让步、不着眼于未来、无法信任他人会共担风险，这样的我们根本没机会管理矛盾。但如果我们愿意，就能发现穿越矛盾的途径。追逐短期的优势，希望赢得能赢到的一切，只会带来永久的敌意，破坏联盟和合作关系，阻碍进步，产生庞大的律师团队和执法机构。

这种契约精神引发了我对英国文化的反省，但我很遗憾地发现，即使在中国，他们也不理解我把他们的交易习惯放大为生活原则。亚当·斯密的两部著作提醒我们，追逐个人利益必须靠一方对另一方的"同情"来平衡。同情是道德的真正基础。我们只有受到了"同情"的约束，才会愿意与伙伴共担风险，才能相信他们，进而依靠他们，或者让那些我们素未谋面的人都能生活得更好。就像美国经济学家阿瑟·奥肯（Arthur Okun）所说的，"看不见的手"需要伴随着"看不见的握手"。失去平衡的利己主义，只会通向荆棘。在那里，任何胜利都意味着摧毁他人的利益，而我们自己的生存最终恰恰要依赖他人。这是终结所有矛盾的矛盾。这被称为"公地悲剧"，即个体牧民短期内最大限度地使用公地，之后却发现，当每个人都这么做时，土地就会退化，所有的牧民都会破产。

有人会认为，同情是一种很微弱的力量，一定会屈服于自身利益。然而，事实证明并非如此。儿童心理学家让·皮亚杰（Jean Piaget）研究了幼儿玩耍的情况，并且观察到了一种与生俱来的公平感，尤其是对有更长时间感知能力的年龄大一点的孩子。孩子们慷慨赠送礼物的常见理由是"这让她很开心"或者"我不想看到他哭"。而且在孩子的行为中，慷慨赠予远多于吝啬私藏。大部分人不会在停电时抬高蜡烛的价格，也不会在暴风雪时提高铲子的价格。人性中有贪婪和残忍，但也有同情。

妥协的美德

妥协的美德听起来自相矛盾。妥协通常是软弱的标志，或者等于认输。有人说，强大的男人从不妥协，原则永不该妥协。我认为恰恰相反，强大的男人最懂得什么时候妥协，而任何原则都应该为更伟大的原则妥协。我用了"强大的男人"这个词，因为我确信，强大的女人从来都懂得为了进步而妥协的价值。

这个令人困惑的时代带来的大部分困境都不是简单的对错之争，在对错之间妥协确实软弱。事实上，我们面临的困境，更多的是两种正确选择之间的左右为难。既希望花更多时间在工作上，又希望多陪伴家人；既想要做优秀的企业公民，又渴望可观的利润；既想要信任下属，又想要了解他们的工作细节。很多时候，各方利益是相互冲突的，如果不各退一步，就不会有进展。拒绝妥协，就意味着僵持停滞。进步成了骄傲的牺牲品。

有一次，我听戴维·欧文（David Owen）的演讲。他刚刚结束了20世纪70年代英国工党政府的外交大臣任期，还不是社会民主党的领导人。他向主教们致辞，主题是他自己选择的，关于妥协的美德。他说，有一年8月，他独自在外交部工作，大部分同事都在休假。他收到了伊朗国王的请求，希望英国向他们提供一批镇压暴乱的设备，当时，伊朗国王的政权正在迅速地分崩离析。他说，他对伊朗国王和他的政权深恶痛绝，他们冒犯了所有他所深信的民主与社会公义的原则。然而，当时周围没有人提供建议，他独自权衡各种选择后，得出的结论是，相较于伊朗国王的军队发起枪战导致尸横街头，满足他们的请求是个更可取的选择。他支持了一个他厌恶的政权，因为其他的选择更糟糕。一个原则被献祭给了另一个更重要的原则。

他告诉主教们，如果你过于坚持自己的立场，你可能会感觉自己是正确的，但是你也可能犯了更大的错误，你阻碍了事情向正确的方向前进。很讽刺的是，几年后，正是因为戴维·欧文过于僵化地坚持自己的立场，导致他所领导的政党解散。又过了几年，他试图说服塞尔维亚人、波斯尼亚人和克罗地亚人妥协退让，以推进实现南斯拉夫地区的和平。

彼得和帕姆·理查兹在海峡群岛的农场里种植水果和蔬菜。他们说，市场竞争非常激烈，生活很不容易。他们也是"地球之友"的注册会员和生态爱好者，但是彼得说："如果我们不用塑料盖着土豆，两周内土豆就全毁了。""我们不得不学习平衡理想主义和实用主义，"帕姆说，"我想，妥协就是成长的一部分。"

然而，笃定是一种非常诱人的力量。如果你从不犹疑，那么你永远不理解妥协的必要性。没有原则的人实际上并非没有原则。相反，他们有一个高于一切的原则，可能是自己的利益，可能是他们所看到的企业或国家的利益，甚至可能是他们所谓的"上帝的意志"。这些原则是他们不会妥协的。除非你是他们的同道中人或者与他们在同一阵营，否则你没法跟他们同行。对于他们来说，妥协是个狡猾的托词，意味着认输。他们的笃定赋予了他们力量，也让他们付出了代价。除了他们的信徒，他们的阵营里没有别人。这样的人永远看不到第二曲线的必要性，而且他们的曲线一定会随着时间的推移而向下发展。如果不想让其他人感到被排斥，一个优秀领导者的笃定和自信必须与妥协精神相调和。撒切尔夫人是一位从不觉得需要妥协的人，她的笃定给了她力量，并且赢得了很多人的钦佩，甚至包括那些反对她的人。但是最后，拒绝妥协导致了她的下台。妥协对民主至关重要。如果一个领导者希望他的追随者都是有意愿、有能力的人，而非谄媚者，那么妥协就更加关键了。

当然，过度妥协可能会放弃太多。这会被视为弱点，而不是建立共识。错误的妥协会阻碍而不是促进进步。跟很多人一样，我痛恨冲突，我会因对抗而退缩。为了回避冲突，我总是很容易放弃。为了逃避不可避免的冲突，我忍耐着不解雇人，哪怕我知道他们的无能正在危害组织。我宁愿被邻居霸凌，任其为所欲为，也不想与他对抗。这是糟糕的妥协，为了错误的理由妥协。我为了宁静的生活，放弃了真理；为了一个微小的原则，牺牲了更大的原则。正如我一直知道的，情况应该恰恰相反。

在一次管理课程上，高管们到达以后，在书桌上发现了希腊悲剧作家索福克勒斯（Sophocles）所著的《安提戈涅》(*Antigone*)的英文译本。这是他们这门课的第一个作业，将在下周的课堂上讨论。他们一开始以为与文学课弄混了，但当他们开始小组讨论时，他们意识到其中的意义。安提戈涅的兄弟在争夺底比斯控制权的战斗中被叔叔克瑞翁击败并杀死，他的尸体被丢在城墙外，任秃鹰啄食。安提戈涅的信仰要求她确保她的兄弟被妥善埋葬，以免他被复仇女神永远追捕。克瑞翁禁止她这样做，违令则会被处死。如果是你，你会服从权威，还是坚持你认为正确的事情，无论付出多少代价？或者你能找到妥协的办法吗？这是历代被征服者的困境，也是商业或家庭中常见的冲突。安提戈涅坚持她的原则，并为之而死。有些原则值得为之付出生命。问题是，这是其中之一吗？正是因为这个问题常问常新，所以这部悲剧在 2500 年后仍在上演。

妥协只有在为了更伟大的目的或更伟大的原则时，牺牲另一个目的或原则才是正当的。我厌恶战争、暴力和冲突，但是这个世界上就是存在恃强凌弱的人和国家，他们只尊重那些比他们强并准备好展示出来的人。因此，如果其他尝试都失败了，我将容忍为了追求和平与秩序而进行的有限战争和有节制地使用武力，以战止战。为了正义的事业，我甚至愿意亲自参战。过分执着于避免冲突就是给所有的恶霸和罪犯一个许可证。公平的秩序这个更大的原则，值得我放弃自己的小原则。

然而，生活里大部分的妥协不是放弃我们的原则，而是放弃我们的兴趣。没有妥协最终意味着没有同盟，没有进步。契约背后的人生观可能看起来没有那么光鲜夺目，但实际上更有成效。

与未来的契约

当我们试图平衡现在和未来的需求时，时间同样要求妥协。提到"短期主义"这个词时，就意味着我们必然处于进退两难的选择中。企业常因此被指责，政府常为此而感到困扰，每个人都无法在个人生活中逃避它。我们都知道，健康、感情、长寿等所有我们最想要的、有益的东西都要求我们放弃及时行乐，去做一些不想做的事情。个人的短期主义会伤害我们的健康。换句话说，我们知道大部分令我们享受的东西常常对我们有害，我们需要用妥协来应对这类矛盾。

但问题是，为了造福未来，我们应该在多大程度上妥协现在？所有的投资都是为了改善未来而放弃现在的某些东西。只有你相信或者想要未来的收益时，投资才成立。这其实就是另一种形态的妥协。我们愿意在多大程度上克制自己破坏环境的行为，来为子孙后代留下一个更安全、更干净的世界，一个我们活着的时候可能享受不到的世界？如果其他人不这样做，我们愿意在多大程度上克制自己？公地悲剧是否会在全球范围内重演？为了更大的公共利益，为了那些我们从未遇见过的人能有更好的生活，我们愿意妥协和改变自己的短期行为吗？我相信，我们会愿意的，只要我们的眼光超越生死，只要我们能接受总有些事情比自己更重要，总有些事情比我们自己更接近永恒。

在更为个人的层面上，双职工情侣也会挣扎于公共利益和妥协的问题，比如在决定是否或者什么时候组建家庭的时候。当前生活的牺牲是巨大的：收入的损失、生活方式的改变、亲密关系的调整。如果决定做出必要的妥协，开启新的家庭生活，非常关键的是夫妻双方都要对新生活有足够的投入。他们在发展新未来的同时，还想继续保持现在的生活，这是不可能的。只有理解妥协对于未来的重要性，他们才有可能开启家庭的新阶段；只有把经营家庭视为共同的、比自己的事业更重要的事业，并且相信对方也如此，才能自愿地投入。然而，现在的年轻人不流行妥协了。

从企业层面讲，增加股息也意味着减少了未来可用的资本支出。因为股东随时可以卖出股票，所以，如果他们对企业的未来不感兴趣，就会更希望获得银行账户里的股息，而不是企业未来的利润。此外，企业经理人未来的发展是与企业的未来密切相关的，他们更希望尽可能多地投资未来。

这二者常常会引发企业优先级的冲突。

如果双方没有共同的事业，对长期目标没有共识，那么更有权力的一方或者更迫切的优先事项就会胜出。如果我们认为我们需要股东多于经理人，那么股东就会胜出。如果基于英国式协议，妥协有可能是被迫而非自愿的。只有股东与企业的未来锁定，像很多日本和德国的股东那样，他们才会与经理人享有共同的事业，愿意牺牲现在的收入以换取未来的收益。当然，这项共同事业必须看上去很有价值。最终，如果长期利益能够远胜于短期利益，那么我们一定想要长期的承诺。如果你无法提供长期愿景，那么你身边就只有短期主义，因为大家没有理由为未知的未来牺牲今天。

在英国和美国很常见的股票期权概念就是试图在高级经理人和股东之间建立共同事业。这个设计的思路是把经理人的薪酬与公司的长期业绩紧密绑定。期权也确实达到了这个目的，因为经理人只能在几年后，或者当股票价格高于期权价格的时候，才能行权。如果所有的股东都是这种待遇，那么他们看待公司的视角将会很不同，现在与未来利益的平衡将会大为改观，妥协也会更容易。

第三方视角

如果我们想要契约那种自我强化的关系，我们需要找到共同的事业，让双方能够为更大的共同利益自愿做出个人牺牲。如果没有共同事业的认知，每个人都只会为个人利益争斗，个人和团体的信任将会非常稀缺，妥协会成为强者强压给弱者的霸凌，这是失败的标志，而非进步的基石。在民主文化中，如果不想让妥协退化成各利益集团的斗争，就要找到至关重要的共同事业。

当二元对立的情景中出现第三方时，原本的对立者通常同意团结起来对抗共同的敌人。其中的算计就是，团结比单打独斗能获得更多利益。妥协的价值是不言而喻的。然而，究其本质，共同的敌人只能让他们实现暂时的团结，因为妥协是基于敌人会被打败的假设。当胜利来临时，联盟会随之瓦解。此外，如果敌人一直没有被击败，那么在没有回报的情况下，为联盟而做出的妥协将会开始遭到质疑。企业把比竞争对手更大更强作为目标来团结员工，是一种非常短期的打法。而英国政府要以"赶德超法"为目标，这种打法过于长期，也不太现实。

除了真正的战争，任何经济战中，共同的敌人都不能作为持续妥协或者长期牺牲的基石。当然，我们都不希望真的发生战争。然而在许多情况下，树立一个第三方对手是一种在对立中找寻平衡的方式，也是穿越矛盾的必要之路。

1793 年是涂鸦最有影响力的年代。那一年的 6 月 30 日，巴黎科德利埃俱乐部（Club des Cordeliers）宣布了一项决议，所有的屋主都要在自己屋子的外墙上用大写字母涂上"团结、独立、自由、平等、博爱和死亡"。这是法国大革命的核心标语"自由、平等、博爱"第一个有记录可循的例子，它也同样是第三方思想最知名的例子。博爱调和了对立。显而易见，自由与平等互为对立，相互抵消，只有博爱存在，二者才能在某种和谐中共存。如果我们关心彼此，我将不会把我个体自由的需求强压给你，侵犯你的平等权利，同样，你对于平等的要求也不会剥削我的自由。

大部分生活都是由对立双方构成的——男性与女性、工作与娱乐、生与死。在英国传统中，人们常假设对立双方的冲突是实现公平的最佳方法。英国司法系统就是基于这样的假设，英国国会也是。当然，在许多人看来，它们既不正义，也不公平。

　　第三方思想一直试图调和或阐明对立。英国政治就像跷跷板，但是这个跷跷板总是周期性地被卡住，导致一派政党掌权太久，有失公平。第三方可能是英国政治跷跷板的解药。在法庭上，任何一方的胜利都不能完全等同于正义。司法制度中的独立评审员是法庭抗辩之争的解决方案。共通的人性是理解男性和女性之间冲突的关键。如果我们理解了永恒的意味，那么也许不会将生死视作如此对立的两极。学习可能是连接工作和娱乐、让二者相融的方式。爱让争吵冷却，化分歧为兴奋。亚当·斯密提醒我们：同情让市场变得合乎道德。

　　第三方思想促使我们不断考虑新的解决方案，用第三方视角来解决二元对立。第三方思想启发我们，如果金钱造成了社会分裂，那为什么不放弃货币本位？如果有更多的生活必需品或者优质商品能够对所有人免费，比如教育、房屋、卫生保健、旅行和必要的食物，那么我们将实现更大范围的平等。人们会更难辨别贫穷和富有，也没有理由积累财富。第三方思想建议，如果企业主和打工人的斗争无可避免，那么我们可以引入"组织成员"的概念来转圜。

　　我还清楚地记得我与两个孩子的争吵。为了控制他们青少年时期跟朋友无休无止地打电话，我们尝试固定预算、限制时间、强制锁定、完全禁止等手段，但这只导致了逃避、撒谎和争吵。第三方思想提出了另一条路——第三方视角。我给了他们每人一部手机和固定标准的费用，然后由他们自己支付全部的话费。如果不支付账单，他们的电话就会被停机，而我的电话是不给他们用的。他们认为这是自由。但是我注意到，从那以后，是他们的朋友，毫无疑问在使用父母的电话给他们打电话。我大幅减少的电话费远超过给他们的基础话费，而且我还可以自由地使用我的电话了。这是一种妥协，但没有牺牲任何原则。

　　许多公寓楼的停车问题都非常难以治理：一方面，在自己的公寓外面停放自己和访客的车看似很合理；另一方面，没人愿意被别人的车挡住。没完没了的停放协议和建筑设施改建，却没能使任何人满意。第三方思想提出了一个公平的解法——在远离公寓楼的地方提供一个公共停车场，并且在公寓楼外设置禁停区域，装饰上适当的景观。相较于漂亮的街景和和谐的邻里关系，所有公寓居民共担的不便是个微小的代价。这样的妥协之所以奏效，是因为我们在非此即彼的妥协之外，提供了第三方视角。高明的协调者非常精通此类第三方解决方案。

　　本书包含了许多第三方思想的案例。这通常提供了一种可接受的妥协方案，是调和二元对立的第三方视角。然而，要达成这一点，我们在生活、工作和社会中需要更多的契约精神。日本人以决策缓慢著称，但也以决策后的执行力和坚定可靠而闻名。原因就是，众所周知，要达成共识需要很长的时间。可以说，日本的决策习惯也符合契约精神。我们要取其精华，就意味着改变一些我们的文化传统，比如，"有人赢就意味着有人输"的想法可以转变成"大家都少赢一点"。再如，妥协是软弱而非强大的标志；好律师胜过好协议；顾好眼前，未来会水到渠成。这些想法都是由既有文化决定的，而非我们根深蒂固的本性。我们的思维方式是可以改变的。

　　本书的出发点就是没有完美的解决方案，也没有人能预测行动的终极效果。只有回头看时才能看清真相。甚至科学也没有完美的答案，它也不相信会有完美答案的存在。在这个前提条件下，只有极度傲慢、愚蠢或者非常迟钝的人，才会宣称自己预先了解万事万物的全部真相。哲学家卡尔·波普尔（Karl Popper）说："我们的已知各有不同，但是在浩瀚的无知面前人人平等。"即使是教皇也可能会犯错，但是这并不能阻止他们或者其他人将他们的愿望强加给世界。

　　我们都有权认为自己是正确的，我们每个人都有发挥的空间。我们可以像混沌理论中的那只蝴蝶一样，挥动一下翅膀，就可能引发彼岸的风暴。没人知道确定的未来，然而我们都有拥有梦想的权利。但是，要想让任何人的愿望或者梦想都能被非强制地接纳，我们必须先学会契约精神，让各方的利益诉求、让现在和未来都被倾听和被关注。

　　在这个快速变化的时代，我们渴求确定性，我们想要成为追随者，而非领导者，哪怕在非常小的领域。我们想让"他们"来解决我们的困境，赐予我们平静的生活。我们能照顾好自己就已经够难了，更别提还要顾及他人了。我认为，这些愿望现在不会，未来也不会实现。在本书的下一部分，我会着重关注如何在工作和生活中践行本章的这些原则。矛盾太复杂了，但如果想要我们的存在有意义，那就是我们必须置身事内。在本书的最后一部分，我将论证这一点，论证我们的存在不仅仅是进化链中意外的偶然。

第三部分

知行合一，管理矛盾

——

THE EMPTY RAINCOAT
Making Sense of the Future

THE EMPTY RAINCOAT
Making Sense of the Future

联邦制的想法

空雨衣这个象征符号向我们提出了一个新挑战：在更大的叙事框架中为个人的愿望和决策找到位置。不同的文化对于个人想法的重视程度不同，但是世界各地的人在面对机构、政府和各种跨国机构时，都有越来越多的无力感。民主曾经意味着人民拥有权力，但是现在变成了人民拥有投票权，这完全不是一回事。投票是最后的表达手段，有效地提醒我们的统治者意识到他们的面包和黄油的来源，但并不能帮助个体影响其周围发生的事情。此外，在日常生活中的各种机构，尤其是商业机构，唯一有权投票的是其体系外的人，比如金融投资者和行政主管等。在机构中工作的人反而被剥夺了投票权，这其中的局限性，一张选票远不足以填满空雨衣。

如果我们想要调和人性与经济的冲突，必须找到一种方式给予个人和地方更多的影响力，让我们每个人都感受到我们有机会有所作为，我们以及我们周围的人都很重要。如果我们对周围的事物毫无个人责任感，那我们就没有希望穿越矛盾的迷障，找到前行的道路。形式上的民主远远不够，我们需要另辟蹊径，改变组织的结构，赋予小人物和地方更多权力。我们必须这么做，并忍受随之伴生的混乱，但同时也要寻求效率，挖掘协调和管控的好处。因此，除了"赋权"个人去做我们想要他们做的事，我们需要更多的行动。组织结构和系统必须改变，才能反映新的权力平衡。这就是联邦制。

联邦制是个很古老的概念，但是它的时代可能又来了。因为联邦制旨在在一个体制内部实现权力的平衡，它用矛盾解决矛盾。联邦制致力于实现在某方面可以很强大，在某些方面又可以很微小；既能够在某方面做到中央集权，又能在其他方面做到权力下放。它的目标是实现地方化决策和裁决，同时涉及全国化甚至国际化的范围。联邦制最大化地实现了独立，但前提是保证必要的依存关系。它鼓励多元化，但要在一定的范畴内。联邦制有空间让弱小者影响强者，让个人展示自己的力量。

我们认为联邦制是一种国家制度，被美国、德国、瑞士、澳大利亚、加拿大等国应用。英国的政治家可能不会承认，但是英国其实也是独立地区的联盟。同样，西班牙也是。甚至随着区域获得了越来越多的自治权，法国也是如此。然而，联邦制的概念不只局限于国家层面，任何规模的组织都可以考虑联邦模式。医院、学校、地方政府以及大部分慈善机构都有实行联邦制的潜质，如果我们用联邦的视角审视它们，这类机构都是本地化独立运营并联结成一个整体，并由一个共同的中心服务。任何规模的企业都有联邦的倾向，并且需要联邦制所能提供的诸多能力。

我们可能想知道，为什么这么好的想法却没有广受欢迎呢？企业很少有意识地采用联邦制。残酷的事实是，除非必要，没人愿意主动放弃权力，而联邦制是一种平衡权力的操作。联邦的想法也是一个第二曲线的例子。但是除非在被迫的情况下，否则很少有机构或者社会主动发展它。当我们思考组织时，联邦制是一种非常异类、非常令人不舒服的形式——它混乱、不整齐，还总有点失控。选择它的唯一理由就是在复杂的世界中别无选择。没有任何人、任何组织或任何高管能够全知全能地独自平衡所有矛盾，即便人们愿意让他们这样做，他们也不可能做到。我们不得不给那些小的、地方性的组织留出空间。

联邦制依赖各个地方达成一系列契约，并通过不同规模和形态的"甜甜圈"来运营。每个"甜甜圈"都要考虑给地方决策留出必要和适当的空间。地方的目标必须随着整体的需求而调整，反之亦然。联邦组织中没人能完全尽得所愿。因此，它是把本书的理论付诸实践的一个极好的例子，既饱含困难也充满机遇。

要澄清的是，联邦制并非一个容易实现或者理解的概念。加利福尼亚州由于内外过度联邦化，陷入了勉强运转的困境。IBM 宣称它正在向联邦制转型，但它可能不是未来几年最成功的典型代表。联邦制的欧盟不止吓坏了英国，更吓坏了许多其他人。尽管如此，我们还坚持联邦制，因为它是让我们庞大的组织找回某种意义感的最佳方式，是将它们的目的和人民连接起来的方式。

许多现实的混乱和困难常常源自对联邦制的误解。比如，联盟与联邦就不是一回事。联盟是各利益方结盟共同去做某件事，是一种互利机制，因此联盟并不需要牺牲、权衡或者妥协，除非存在明显的有利可图。联盟并不是一个有方向和目标的组织，它也没有决策发展方向的机制。一个知名联盟——英联邦，也只是个语言和怀旧情绪的纽带，不是真正的组织。这并不是联邦制。

　　联盟只在别无选择时才会调整，而且调整时通常都为时已晚。它既不引领，也不建设。它的组织基于权宜之计，而非共同目标。英国希望欧洲继续做一个经济联盟和开放市场，其他的欧洲国家则想要一个更联邦化的"国家"，一个拥有更大的共同目标的"国家"。在这个"国家"中，牺牲和妥协都可以接受，富人愿意帮助穷人，大家拥有共同的标准和共同的愿望。

　　欧盟如此，其他组织也如此。结盟、共同利益和协作网络都是联盟的工具，是为了相互便利而做的安排，也不可避免地随着便利的改变而变得脆弱易碎。有清晰目标的组织更想成为联邦而不是联盟，这个差异点是很重要的。

　　联邦有两个关键概念：双重公民意识和辅助性原则。我将在后续两章中解释这两个概念。它们都是老想法，为当今的世界而重造。

第六章

双重公民意识

我曾拜访一位得克萨斯的朋友，他非常骄傲于自己的得克萨斯身份。同时，在他门前的草坪上，一面美国星条旗在旗杆上高高飘扬。"为什么不能升挂国旗？"他回答我的疑惑，"我也是个美国人，不是吗？"他是美国人，也是得克萨斯人。同样，一位来自慕尼黑的女士表示，她首先是巴伐利亚人，但也是德国人。

庞大且小巧

双重公民意识是联邦制组成的关键：你属于你自己的州，也属于更大的联邦国家。如果我们这样想的话，我们每个人都在生活中遇到过不少双重公民意识的情况。双重身份的视角很重要。在个人生活中，人们也常常需要双重忠诚。结婚时，我认为这就是把我和我心爱的姑娘的生活合二为一。直到筹备婚礼时，我才发现，我也成了她的大家庭的附属成员。现在，我同时拥有自己的家族和她的家族，要协调和平衡双重身份和双重忠诚。组织也像很多国家一样正在转向联邦制，因为它们希望既给予地方单位或专门团队一定程度的自由，又保留规模优势。这样的设计庞大且小巧，看起来非常合理。但是，管理它会非常具有挑战性。

小的单位更迅捷、专注、灵活、友好、有趣，借用管理学家罗莎贝斯·莫斯·坎特（Rosabeth Moss Kanter）的话就是5F（Fast，Focused，Flexible，Friendly，Fun）优势。小的单位能与客户、公民、学生或病人更亲近，也能减少官僚作风，更人性化。连很多鱼都更喜欢小池塘。小型组织给人们更多机会做自己，而不是做一件无名的空雨衣。

另外，任何组织都有规模经济，尤其是在金融业、供应链和零售业中。制造业曾经也是，不过近年来略少见些。任何有价值的研发成本都越来越高，需要大量现金流的支持。所以，制药企业不得不很庞大，石油和飞机制造企业也是如此。大型企业给员工提供更多安全感、更多元的选择和更大的发展空间，它们能够提供那种需要许多年才能回本的基础培训。"现在你已经与我们一起工作10年了。"我就职的石油公司告诉我，"你终于值回了公司对你的培养。"许多人很担心，如果BBC改成小型的独立工作室，就没有人有兴趣花钱进行专业培训了，而这是所有未来导演和技术专家的孵化器。

联邦制由来已久，这项策略能恰当地在庞大与小巧之间取得平衡。在某些方面庞大，同时在其他方面小巧灵活。这从来不是件容易的事，因为这意味着小的单位既要独立又要从属于大的组织，既要保持特色又要部分趋同。而且更加困难的是，联邦制要努力联合对立双方以管理矛盾。双重公民意识让联邦制的实现成为可能。如果我们同时隶属于大的组织和自己的小单位，我们就可以理解那些对我们独立自主的约束，因为这种约束对大的组织有帮助。主权没有被割让，而是被共享了。联邦中大的单位不仅是"他们"，也是"我们"。

对于很多英国人来说，欧洲大陆是个可以去的地方，但不是他们所属的地方。除非英国人本能地意识到他们在地理上和政治上都是欧洲的一部分，否则在此之前，欧盟对于英国人来说都是"他们"而非"我们"。没有双重公民意识，就没有对联邦的本能认同，那么联邦也就等同于丧失独立，还没有获得任何新的归属感。

地方的公民意识是较容易的部分。我们都能认同与我们亲近的邻居，尤其是工作也在一起的时候。我们的未来依赖他们。我们共享同样的历史，我们认识彼此的容貌。我们知道自己属于哪里，用一句中国格言讲就是"明来处，知去处，晓归处"。设计巴黎蓬皮杜中心和伦敦劳埃德大厦的建筑师理查德·罗杰斯（Richard Rogers）评论说，欧洲正越来越多地由它的城市所定义。巴塞罗那奥运会是关于巴塞罗那的，而不是关于西班牙的。德累斯顿致力于再次成为文化、艺术和教育中心，人们认识它是将它作为欧洲而不仅仅是德国的一个城市。我们与我们的城市产生关联，要比与欧洲或美国这样的概念关联容易得多。

更大的公民身份更难建立，但是它需要通过适当的平衡，享有同等的地位。在一个企业中，不同职能的联动、邻近区域的组合、现金流管理、统一采购都是非常合理的操作，但是这样的操作都会影响独立业务单元的决策和权力。那些业务单元将会感到非常愤怒，不能理解这种貌似自相矛盾的操作是为了从它们的独立中获得更大的价值。牺牲一些独立性来发展核心职能往往是非常值得的。只有对核心职能有信心，对更大的组织有归属感，独立业务单元才能心甘情愿地做出这样的妥协。我们需要第二公民意识。

5 英镑的拍卖

为了证明这个显而易见的观点，我常常在培训练习中和高管们玩一个简单的游戏，这个游戏由逻辑学家所说的"囚徒困境"演化而来。在我的游戏中，两个队员竞拍三张 5 英镑的纸币。我会安排两个志愿者背靠背坐着，他们看不到彼此的脸。我要求他们轮流为第一张纸币出价。第一个人从 1 英镑开始出价，第二个人加价，然后继续。每次加价多少是可选的，有时是 1 英镑，有时会直接跳涨 2 英镑，直到有人加价到 5 英镑时，另一个人通常会但不总是会停止出价。有一次，有人真的为了 5 英镑出价 23 英镑。第二张纸币的竞拍由另一个人开始，但是结果也一样，他们为我的 5 英镑付出了 5 英镑或者更多。第三张纸币仍是一样的情形，不过大家通常会以高溢价拿下第三张，这样他们就能获得一次得不偿失的胜利——赢得了更多的纸币，付出了巨大的成本。

团队里其他围观的人则会为竞拍中明显的愚蠢行为感到震惊。第二轮的志愿者会非常踊跃，他们热切地尝试自己的策略，比如先发制人之类的。但只要是我从不同的小组里选人，结果都是一样的。最后我选择了一对夫妻，他们一直坐在一起小声聊天，并且同时提出了参与竞拍的申请。当他们开始竞拍时，第一个人出价 10 便士，第二人表示"放弃"。这张纸币以 10 便士卖出。第二张时换过来，结果仍然一样。第三张时更紧张一点，但他们的协议仍然得以保持。第一个人出价 10 便士，另一个人放弃。最后，他们拿走了三张 5 英镑，只花了 30 便士，并共享了收益。然而，有时在第三张纸币时，竞争的战火会重燃，第二个竞争者会先下手为强直接出价 5

英镑。他们会不得不忍受背叛的感觉，凑合地各自拿走 4.9 英镑的利润。

"所以，到底发生了什么？"我问大家。这些有逻辑、明智的成年人会为了竞争达到愚蠢的程度，是因为我把他们分成了不同的组。我通过不允许他们交流，阻止了他们建立联盟、达成共同目标和实现手段。只有我选择有机会交流的志愿者时，他们才能达成符合双方利益的共同目标，虽然这种共识有时会瓦解。共同的事业、为共同事业的利益自我克制的意愿、相互的信任，这些基本要素构成了明智的组织行为。很多时候，这些明智的行为没有发生，是因为人们不交流、不信任，也没有共同的事业，更干脆地说，他们没有第二公民意识，所以就不可能有明智的妥协，也不可能有整体和个体间的适当平衡。

令人沮丧的是，这个实验从未失败过，一直按照我预想的那样运行。我们本能地为自己眼前的利益工作，除非与信任的人拥有共同的事业，最初的牺牲能最终变成共同的收益。今天，我们可以看到 5 英镑的竞拍游戏在世界各地真实地持续上演。

英国女王的伟大事件

第二公民身份非常关键。政治家和经理人越来越多地使用同一套工具来强化对更大组织的忠诚度。他们确保联邦旗帜或者公司标识要随时随地出现，要有组织的愿景和价值观宣言。这些事物比现实更具有象征意义，也十分重要。因为它们表达了将整体凝聚在一起的理想，提供了让我们共同投入的事业感。

现代组织在共同事业的概念上花了很多时间，建立它、传播它、强化它。这看起来像在空谈，有时候它也确实是。但是如果执行得好，它将不仅不是空谈，还会成为组织的黏合剂。美国斯坦福大学教授理查德·帕斯卡尔（Richard Pascale）和哈佛大学教授安东尼·阿索斯（Anthony Athos）更郑重地称之为企业的"精神结构"，他们描述的是当今的日本企业。这种传统历史悠久。在伊丽莎白时代的英格兰，他们称之为"女王的伟大事件"⊖。这项共同事业把女王与商业冒险者绑定在一起，组建商业帝国。在美国，每一任总统在就职演说中都强调，他的执政是为了所有的同胞，而不仅仅为了给他投票的人。他们会指出，人们只有相互帮助才能帮助自己。他们还会提醒听众，在美国这片土地上，这个传统需要被重新发现，"我们必须证明我们配得上我们的遗产"。这不是空谈，而是锻造共同目标的必要动作。但可悲的是，这些言论太容易迷失在日常的现实中。践行这些凝聚公民意识的说辞，是很艰难的。

　　真正的领导者在面对各个地方和外部世界时，必须代表组织的整体。为了强化共同事业，他们必须成为全年无休的老师，不断地出差、讲话和倾听，成为共同事业的首席传播者。这个角色与首席执行官的形象不符，这也是现在很多组织把这两个角色分开的原因。这个充满使命感的工作很难由委员会或者备忘录来完成，因为逻辑很少令人心跳加速，没人会跟随委员会去战斗。在一个庞大的组织里，联邦总统的生活就像一场漫长的教学宣讲。成功的总统和总理都知道他们的主要任务是带领人们跟着他们走。罗斯福有他的炉边谈话，克林顿有他自己的会议，丘吉尔有他的战时广播，实际上，这都是在进行大众宣教。

　　然而，双重公民意识需要的远远不止口才杰出且曝光不断的领导者，它需要跨联邦的人口流动。人们在各个地方之间的流动，会让更多的人拥

　　⊖　主要指英格兰女王伊丽莎白一世大力鼓励海外贸易。——译者注

有更广阔的视野。这不仅能帮助他们个人成长，他们的愿景和对整个组织的理解也会随之成长。壳牌是最古老的联邦制企业，它知道维系这一切的纽带是它的5000多名外籍员工，而不仅仅是股份持有者或领导者。另一个联邦制组织地中海俱乐部（Club Méditerranée），在世界各地都有独立的度假中心。它坚持区域经理每两三年就轮岗到其他地方，以此打造一个拥有共同习惯和价值观的国际大家庭。

法律和货币

共同的法律框架和统一的货币是另一类基础要素。它们会持续不断地提醒每个人，他们是一个更大组织的一部分。这是它们的象征性作用，同时它们还有实用性作用，让各个地方都能一起协作。

在组织层面，共同法律框架就是一套基本的指导方针，告诉大家"在这里怎么做事"。有些地方，人们称之为"圣经"。但是，他们应该明智地不要让它像圣经一样厚重或遭受迂回歪曲的解释。太多的法律只会滋养律师，还会让他们越来越贵。统一的货币是一种共同的信息系统，这样投入和产出能够在各个地方之间衡量和比较。这听起来是一种常识，但其实并不是。销售部总是谈论销售，但是不知道他们做什么能增加附加值；采购部永远都在谈成本，但是不懂如何影响销售。过去，在英国，医生开药或者把病人转给专科医生时，从来都不知道也不考虑价格。他们认为了解价格会影响他们的医疗诊断，然后他们还抱怨治疗病人的钱永远都不够。那时候，国家医疗服务并没有采用统一的"货币"，因此大家对于组织的财务情况没有意识或责任。矛盾的是，医疗系统拆分成更多自负盈亏的小单位后，共同事业的意识反而增强了。因为各个环节现在必须相互沟通，并且也有办法做到这一点。就像他们说的，组织越交流越有凝聚力。

当然我们也必须注意，法律和货币不能过于普及，否则会淹没地方的公民意识。中央可能会渴望统一，渴望组织中的每一个单位都整齐划一，但是客户或者消费者想要每一次交付都更契合自己的喜好，而地方单位则希望能够保持适当的差异。统一跟平等一样，都是自由的敌人，但过度的自由又会破坏效率，我们必须要保持平衡。

我们当地新开的超市不提供意大利烩饭的大米。在英国的偏远地区，意大利烩饭可能被认为是异国情调，但是我很喜欢它用最简单的原料就能实现无限多样的口味。我跟超市经理谈过，要求超市能供货。他很遗憾，货架的陈列和供货清单都是中心统一规定的，他没有自由裁量权。我很想知道，中心怎么能如此聪明，了解我们这一带丰富而随机的口味？或者他们就是不相信这个超市经理吗？如果他有的话，他在什么范畴有自由决策权？他该不会就是个会走的机器人吧？站在那里，给我这样的人一些标准但没用的回应。这就是缺乏地方性公民意识。一个公式化的组织把统一性强加给它的世界，认为中心最了解情况，自由裁量权是危险的，地方差异是不必要的。我认为，所有这些假设都是非常危险的。因为他们否认矛盾的存在，他们在埋葬矛盾，而不是平衡它们。

金钱万能吗

如果两个公民身份都涉及了金钱利益，那么双重公民意识会更容易被认同。没有筹码，游戏就不够真实。我们的薪酬也反映了这一点。利润共享计划早已不像从前那么罕见，并且还可能进一步演进。总有一天，人们会发现自己的年薪分为四个部分。最大的一部分是工作收入，反映了个人在组织中的位置、经验值、专业水平、此前的工作履历以及岗位层级。这并不新鲜，新鲜的是这部分收入在好的年景可能只会占全部收入的一半。其他部分将会是组织总盈利的分红、个人所在工作组的绩效奖金，也就是第一公民身份的收益，最后是反映个人贡献度的个人奖励。分红与奖金预计分别会占到20%，剩下10%是个人贡献度的奖励。当然，在日本这并不新鲜。

乍一看，这些数字似乎很大。然而，要记得它们是从基础薪资开始，这部分薪资设定为正常实得工资的50%。这部分钱不会变化，但是其他部分会随实际表现而变化。当年景好的时候，整体收入会很好，能够分配的钱更多。因为基础成本仅是实际成本的一半。然而，当经济困难或绩效下滑的时候，整体薪酬就会下降，但不需要用裁员来降低人力成本，成本会自动削减。基于这种方式，人们履行了自己的公民义务，保住了工作，并且有奖励时还可以共享。这种薪酬体系帮助日本企业实现了关键员工的终身雇佣制。

灵活薪资的比例要足够大才有趣。一些组织实行的5%～8%的奖金只够过个圣诞节或者新年假期的。这种比例设置只是个姿态，并非真正的利益绑定。比例的设置必须公平且客观，基于真实的数据，而不是按照员工比例或者主观判断。唯一的例外是员工个人贡献所占的比例。除了拿提成的销售人员，个人贡献很难完全客观地衡量，所以必须纳入第三方评价。当这些评价来自同组的成员，并且涉及同组成员的奖金分配时，地方性公民意识会因此而加强。一个优秀、开放的小组并不会逃避奖金分配，相较于平均值，哪些人应该拿得多、哪些人应该拿得少，大家会给出自己的理由。此外，工作组并不是个人贡献度的唯一仲裁者，组外的上级和同事也会给出相关评价，以避免有些小组会回避问题，平分奖金。平衡是最好的，来内外部的评价也会增加反馈的机会。然而，关键是，如果要强化双重身份感，个人绩效奖金的比例要少于两个组织的奖金。

很显然，这种戏剧性的组织奖金再分配机制只有在组织初创阶段才能一蹴而就。成熟的组织需要循序渐进地调整到这样，充分利用好的年景快速推进。并且它们要一直牢记终极目标，持续谨慎地做好解释工作，必须让大家理解，这种分配制度本质是公民共享收益、共担风险。

消失的中间层

双重公民意识暗示我们只是两个组织的公民。理论上，这可以不止两个。我是我们市的公民，也是我们区域的公民，还是我们国家的公民。此外，还有贸易区、更大的联邦、更大的世界，不是吗？然而，这样简单的推理并不符合心理现实。无论在生活的哪个方面，我们大部分人看起来只能做到两个层面的身份认知和忠诚。超过两个，链条末端的身份认知经常会被丢掉，中间的部分则会被挤出去。"我首先是苏格兰人，"我的朋友说，"然后是欧洲人。我对英国完全无感。"那些国家只有像我们爱尔兰一样小得像个部落，才不会在部落和国家之间被挤出去。有些企业试图在地方分公司和总公司之间建立一层对区域公司的忠诚，最终常常造成公民认知的混淆和削弱。

关于消失的中间层，美国公共行政学家戴维·奥斯本（David Osborne）和特德·盖布勒（Ted Gaebler）在《改革政府》（*Re-inventing Government*）中提出了一个更有趣的设想。他们希望看到更多的公共服务机构的所有权和控制权能从更大的组织中分出去，给到社区和个人。公民团体、街道社区、志愿者组织应该得到官方授权，并且在需要时获得支持，以执行工作。如果能实现，整个中间的管理层级就都没必要存在了。

英国新的执行机构就是按照这种设想迈出的一步，由一些自治组织来负责交付政府服务，从福利机构到中央信息办公室。当它们真的实现自治时，联邦制的政府服务也就构建起来了。目前，英国财政部仍然不愿意放开所有的控制，比如，薪酬、评级和员工数量等都是中央管控的。如果你连自己的员工事务都无法做主，那么就很难真正有地方性公民意识。但要实现联邦制并非易事。

然而，地方公民身份的定义可能太多了。加利福尼亚州正在迅速陷入有太多政府层级的泥沼中。人们很难知道真正的责任是什么，也不知道学校和医院的董事会、地方社区、州政府和联邦政府的责任是什么，更别提那些持续的直接民主实验——投票人可以直接投票让具体的提案成为法律。无论是公司还是国家，太多层级的公民身份最终一定会成为官僚主义的噩梦。大部分的中间层都应该消失。

欧洲大国的国会本身就是地区组成的联邦。它们知道，如果欧洲成为更充分的联邦，它们很可能会被挤出去。可想而知，它们并不希望这种情况发生。即使是为了更高层级的忠诚，成为消失的中间层也不是件愉快的事。而且不仅国会面临这样的困境，组织的层级也在过去的10年间不断地坍塌。当然，这不完全是因为那些组织实现了联邦制重构，它们甚至都不这么称呼这个变化，也没意识到这就是联邦制。在联邦制架构中，等级是有限且本地化的。人们与上层组织中的人联系，是因为他们的角色跟自己的需求有关，而不是因为他们在组织中的地位。放弃等级制度，拥抱关系网络。

我曾听过一位法国大型超市酒店连锁公司的董事长解释他的联邦制分权组织，台下是一群沉迷于等级制度、对联邦制抱持怀疑的西班牙听众。"请给我们解释一下，里昂的门店经理到底向谁汇报？"其中一位听众最后很崩溃地问。这位董事长明显没有理解这个问题，他说："如果是一个分销的问题，他将去找相关的专家，我想应该是在马赛。但是如果是采购的问题，合适的人在巴黎。""没错，但是谁是他的直属上级呢？""并不存在一个他要称为老板的人。"你可以看到这位西班牙人脸上的困惑。他们生活在一个部分联邦制的国家，但是还没有按照联邦的方式运营他们的组织。双重公民意识不需要中间层。

忠诚的丧失

双重公民意识是解决我们社会和组织中一系列矛盾的关键，企业、医院、政府部门、慈善机构等等都涵盖在内。否定对地方的小忠诚，就是在扼杀自由、有效激励、主动性，并把一切都依赖于中央的正确。IBM 在 20 世纪 90 年代初就采取了这样的操作，空耗了巨大的成本。否定对上层组织的大忠诚，则会导致低效、重复和误解。我们需要双重的忠诚。

1993 年，英国内政部社会事务处出版了一本题为《美德的丧失》的论文集，他们认为"责任""忠诚""义务"这样的词已经从日常使用中消失了，并将此归咎于不道德的文化的流行，还有些人将此归咎于宗教没能培养出是非观。托尼·布莱尔（Tony Blair）在谈到内政事务时指出，除非人们能感觉到自己属于某种事物，某种可以索取和付出的事物，某种比他自己的小群体或小社团更大的事物，否则这些词就是没有意义的。用我的话来说，他的意思就是，没有第二公民意识，自私是不可避免的。如果我们不能让我们的人民拥有更大的公民意识，社会就不会有平衡，我们的语言也确实会开始改变。

正确理解联邦制能够在我们的组织乃至社会中，重建对地方的归属感和更广阔宏大的公民意识。

第七章
辅助性原则

　　"辅助性原则"是一个令人讨厌的词。但是一旦你学会了如何拼写以及如何发出它那拗口的音节，你就不太可能忘记它。辅助性原则是联邦制的核心思想，是学习的关键要素。有效的变革取决于它，团队协作需要它，让个人为自己承担起更多责任也需要它。然而，这是个令人困惑的词，因为它跟辅助机构毫无关系。

反向授权

　　欧盟委员会前主席雅克·德洛尔（Jacques Delors）曾经提供了一个奖项，为了给这个令人讨厌的词找一个好的定义。他并不需要苦恼，因为很快很多人就提醒了他。在政治上，美国宪法第十修正案规定了州权力的原则，但没有使用具体的词。更早的时候，罗马天主教会借用了政治理论的思想，创造了这个词，并将其变成了道德准则。1941年，《四十年》（Quadragesimo Anno）通谕重申了这一观点："一个庞大的上级组织无理由地攫取小规模的下级组织可以高效履行的职能。这是一种不公正和对正常秩序的干扰。"我把它们翻译得更简单点——窃取人们的责任是错误的。你也可以把"辅助性原则"定义为"反向授权"，由地方向中央授权。

不久之前，我的小女儿和她的合伙人开始了她们自己的生意。她们有个很好的产品，但是她们此前都没有运营过企业。我看着她们做出一个个我确信是非常危险和鲁莽的决策，我有种非常强大的冲动，想要插手，让她们从我的经验中受益。我很爱我的女儿，非常希望她们能创业成功。我想要帮忙，但是我被坦率告知，"做你自己的事，别管我们"。后来，我意识到，我在窃取她的决策权，拿走她们的机会，无论是自己取得成功还是从失败中学习的机会。我为此道了歉。下次我会等她们主动来问我，也就是反向授权。现在我理解了为什么辅助性原则是一个道德准则。

联邦制组织非常重视辅助性原则。它们不得不这样，因为它们是基于反向授权的原则在运行。各个地方或者州，让渡了它们的权力给中央，因为它们相信，有些事情让中央在集体基础上做，比它们独立做更好。同时，某些事情上，它们尽可能多地保持独立，因为它们可以解决好。中央的"反向权力"是联合商议的，并记录在正式的宪法中。所有的联邦制组织都有成文的宪章。英国人对于宪章的厌恶可能与他们对联邦制及其形式本能的不信任有关。联邦制不应该有任何模糊不清的地方，否则这些地方就会因职责重叠和误解而变得混乱。

随着越来越多的组织围绕其核心建立联盟，它们被迫商议彼此的分工，其中的压力就是在合理和可能的情况下，允许地方拥有尽可能多的自由裁量权。没有所有权，也就没有指令权，谈判是不可避免的，辅助性原则也是不可避免的。让权力尽可能地靠近行动。

新型中心

加州大学伯克利分校哈斯商学院高级讲师霍马·贝赫拉米（Homa Bahrami）称硅谷的新型高科技组织为多极组织，她描述：

> "它们与联邦制组织很类似，或者像一个独立企业的组合，相互依赖彼此的专业能力和技能。它们与中心的关系很平等。中心的角色是协调安排大的战略愿景，发展共享的行政职能和组织基础设施，打造有凝聚力的组织文化以促进协同效应。"

一家公司大约会雇用100名专业人员从事所谓的"公司事务"，包括财务和行政、基础设施支持（包括采购）、法务、人力资源和企业内宣等。但我们需要注意的是，所有这些人员都是服务的角色，而不是强制保障决策执行的角色。

现在也很流行"扁平化组织"。如麦肯锡顾问奥斯特罗夫（Ostroff）和史密斯（Smith）所描述的，这些组织有10项关键原则：围绕流程而非职能组织工作；选择关键的绩效目标；通过最大限度地减少非增值活动来实现组织扁平化；让团队而非个人成为组织的主要构件等。据他们所说，这类组织的秘诀就是找到辅助性原则的最佳效果，然后尽可能地拆除阻碍，让团队或个人能有直接可支配的工具来完成自己的职责。在他们看来，团队离行动最近，是最适合践行辅助性原则的层级。在以上设置的基础上，中心的工作就是定好标准，而且不需要细化到如何执行和交付。然后，在事后，它再按照那些客观的标准，考察具体业务单元的绩效。有些人称这些做法为"流程再造"，但这只是给老原则起了个现代的名字罢了。我们要重新关注这个古老的原则，用它来积极应对这个新时代。

遵循该原则，世界各地的组织都在解散和分拆它们的中心。硅谷的100名专业人员似乎已经成了某种标准。瑞士的工程巨头ABB公司，在苏黎世一座毫不起眼的建筑里用差不多的人数，管理着其22.5万名员工。英国石油在伦敦大概有200名专业人员，但正在计划削减。英国亿万富翁理查德·布兰森（Richard Branson）的维珍帝国的相关人员只有5名！它们的一种做法是分拆中心。没必要让整个组织中相同职能的人都坐在同一座中心大楼里。那些负责协调某个特定产品线的人员更适合在产品主要生产地上班；研究协调员可以直接去最大的实验室，向该地区的国家或州提供地区观察简报。企业中心将权力分散下放，给予行动现场的人更多对整体政策的参与感和主人翁责任感。这是辅助性原则的实践范例，就像欧洲复兴开发银行设在英国伦敦，大学研究院设在意大利佛罗伦萨，欧洲议会设在法国斯特拉斯堡一样。如果欧盟把一切都放在其行政机构所在地比利时布鲁塞尔，就是把太多的权力带到了中央。这就是在窃取责任。

中心应该很小，而且是部分分散的，但同时它必须是强大且信息灵通的。毕竟，中心承担着整个公司的终极责任。它要保留一些关键权力，比较典型的有："新财权"，如战略投资的选择；"新人事权"，如组织关键人事决策的权力；设计和管理信息系统，这是组织的大动脉；"干预权"，当事情发展出现问题时干预的权力。只有中心的人员有全局视野。他们不能亲自下场运营，并且应该因为人数太少而不能下场。但是他们可以推进、影响以及在必要时干预事情的发展。中心的主要工作是未来的托管人，并确保在未来到来前，当前业务不会跑偏。

英国电信（BT）的迈克·贝特（Mike Bett）坚持认为，联邦制必须有强大的中心才能运作。在过去，强大的中心也意味着大规模的中心，协调计划和监控活动都需要很多人力，权力也因而集中在一个地方，联邦制名存实亡。席卷而来的信息革命使得企业中心可以兼具信息灵通和小巧、强大和分散，权力也越发平衡。组织的神经中枢就在首席执行官的笔记本电脑里，也同时在其他人的笔记本电脑里。通过电脑联网运营的"虚拟组织"已经到来，就在我们的电脑包里。信息时代使联邦制成为可能。

然而，这种新型分散的中心仍需要盯着屏幕自言自语。视频会议、语音邮件以及其他技术设备很有助益，但不能取代人们看着彼此的眼睛直接交流。分散的中心机构意味着大量的出差和熬夜。这些新型组织的办公室越来越像个俱乐部或会所，是一个人们会面、吃饭和相互问候的地方，而不是日常工作的地方。中心办公室也像俱乐部一样，有常驻的工作人员，像菜单一样列好的公司服务，但是组织里的核心工作人员都在其他地方生活和工作，只用"俱乐部"举办必要的会议。甚至董事会主席和首席执行官都没必要在中心办公室工作，他们的大部分时间都是出差跟团队在一起，在不同的决策中心培训、指导、视察和倾听。当他们回到"俱乐部"时，他们可以拥有自己的高档"小推车"——一张装有各种电子设备的移动办公桌。当主人到来时，它就被推出来，插好电。

意大利风格

人们会开始好奇，那些企业权力的殿堂——塑造我们天际线的摩天大楼，会发生什么？只有100人的中心机构和俱乐部一样的办公室不需要高耸入云的格子间办公楼。曾经的总裁办公室总是设置在云端之上的大厦顶层，让人感觉奇怪又恰当。但是现在，人们意识到中心的人也不是全知全能，于是，这些人无论是在身体上还是心理上，也开始慢慢地接地气了。不管那些曾经的行政套房是变成高级老年公寓，还是全面推倒重建，变化的天际线像是辅助性原则的一项外显标识。

意大利城镇的大部分天际线几个世纪都没有变化过了。当然，擅改锡耶纳、佛罗伦萨、罗马或博洛尼亚的屋顶景观是一种文化犯罪，但我怀疑屋顶景观得以保持与意大利的组织结构也有关。在意大利，非常令中央政府沮丧的是，真正的权力仍然掌握在家族和地方社区手中，辅助性原则一直绕过正式的政府机构。我曾在托斯卡纳生活过大半年，那时我意识到，我永远不可能适应意大利那多如牛毛的法律。在那里，你够修建什么样的建筑，能买什么样的车，要拿什么样的许可，应该缴纳什么样的税，能雇用什么样的人，可以把房子租给谁，一切的一切都有法律规定。虽然法规频繁变化，但是政府管理不了任何人，哪怕是喜欢照章办事、遵纪守法的盎格鲁－撒克逊人。

我开始意识到，没有人期望你一板一眼地遵守所有法规，但是一旦你跟本地社区闹翻了，他们就有一大堆的法条砸向你。我们所在的社区就是一个各家族的关系网，大家都相互认识，知道彼此的职业。你忽视本地人就是拿你自己冒险，法律只是最后的手段。他们欢迎外来人，但是永远不会把你当成自己人。政府自以为是地空谈立法和执法，但实际没有效力。真正有效力的是地方居民控制的非正式体系。

很多人会争辩说，意大利的辅助性原则已经过度偏离。如果这个国家还想成为一个有效的实体，权力结构必须重新调整平衡。但是，众所周知，联邦制的基础是反向授权，只有地方势力从全体人民的利益出发，把权力让渡给中央，才能够实现平衡。意识变革的曙光在慢慢浮现。我希望，权力的平衡会很快重新恢复。

在意大利，无论做生意还是生活，都依赖家族和小团体连接而成的关系网络。他们的本能做法，却是我们需要着力构建的。

辅助性原则意味着要构建小的团队，有真实责任的小团队。理查德·布兰森希望每个团队有 50 ～ 60 个人。《公司人》中的安东尼·杰伊（Anthony Jay）则喜欢 400 人或 500 人的小团队，理由是参考学校、巴黎郊区和澳大利亚的情况。微软的比尔·盖茨认为团队规模最多不要超过 200 人。管理大师汤姆·彼得斯记录过许多组织案例，比如，维特斯太平洋铁路公司曾把自己分拆成 600 人一组的小团队，最后发现 150 人是最自然的组织规模。他在《新科学家》（New Scientist）杂志中引用了这些调查结果："在现在大多数军队中，最小的独立战斗单元是 130 ～ 150 人。""150 ～ 200 人这个区间是一个关键阈值，超过这个阈值的大公司常常会遭遇旷工、执行无力等问题。""一旦一个学科的规模超过 200 名研究人员，就会分成两个子学科。""公元前 6000 年，中东地区新石器时代的村庄都是 120 ～ 150 人之间。"

以上这些具体的人数规模不重要。关键在于我们需要足够大规模的团队以胜任其工作，也需要它们足够小，以便我们了解团队的每个人，并让他们也了解我们。14 世纪的逻辑学家威廉·奥卡姆（William Occam）会非常理解这个要点。基于"如无必要，勿增实体"的奥卡姆剃刀定律，团队规模应该尽可能地小和必要地大。这是一个关于平衡的矛盾。

署名权和赛艇八人组

辅助性原则要建立在互信的基础上。中心的人要对各团队有信心，每个团队的人也要信任中心的人，团队里的成员也要相互信任。

在互信的前提下，人们不需要大公司里那些繁杂的规章制度、操作手册、审核人员、绩效数字和多重签字确认。所有这些都是不信任的标志，充满了恐惧的氛围，让大公司看着像人类灵魂的监狱。这不应该，也没必要。我们的工作可以成为我们的骄傲。这么说，我们想要在自己的工作上署名。从某种象征意味上，很多人已经在自己的工作上署名了。电视节目的末尾会有制作团队每个人的名字。当你看到演职人员名单滚动划过，你会疑惑为什么大家需要知道全部人员的名字。你不需要知道，但是他们需要告诉你，他们想要这份致谢的认可和荣誉。

我的一个朋友被任命为一家艺术印刷工作室的经理。他入职不久，就召集了全体会议。他告诉同事们，他为工作室出品的大部分作品质量感到羞愧。他说："未来，我想要每个人完成订单后，都把自己的名字签在卡片上，随着该订单寄出。卡片上就写'我们对这个作品负责，希望你能喜欢'。"他后来表示："我本以为会面临一场暴动，然而他们为此欢呼。""我们也为很多工作感到羞愧，但是我们以为那是你想要的：最低的成本提供勉强可接受的质量。我们很高兴能够署名，前提是你提供给我们工具，并允许我们按照自己的标准工作。"辅助性原则依赖于相互信任，署名权是我所知道的对质量的最好保证。这是很多专业人士在作品上签名的原因。这个签名代表了他们对此负责。我们知道了如果事情出了问题可以归咎于谁，也知道了如果做得好可以感谢谁。

这样的互信需要时间来建立，并且需要各方共同努力。我曾描述过一个典型的英国工作组：他们像是八人制赛艇队一样，每个人都尽全力地向后划，彼此不说话，并由一个不会划船的人指挥。我曾认为这很搞笑。后来我被一位碰巧是赛艇划手的观众反驳了。他说："你取笑这点，就大错特错了。如果我们不是非常了解彼此，相信彼此有能力做好自己的工作，我们不可能无须沟通地向后划，也不会满足于被不会划船的人指挥。这就是为什么我们经常一起练习、一起吃饭甚至长期生活在一起。"

然后，我记起来日本团队非常有名的一点是，大家下班后还会待在一起。我也注意到，很多演员不仅一起排练，还会一起交际。看来，无论是在工作中还是在工作之外，大家必须对彼此非常了解，才能确定是否能相信某个人。我儿子接受的是典型的英式教育，在整个成长过程中，非常重视自己的个性，强调个人品质和技能。他在人群中脱颖而出，然后去了一家戏剧学院。在那里，他们选了 27 个年轻人组成一组，一起工作，一起学习戏剧表演，为期三年。他很快意识到自己成功与否取决于整个团队的质量，在一个平庸的团队中做明星是没有意义的。他成了一个忠诚的团队成员，教其他同伴他知道的，也向他们学习他不知道的。没有竞争，只有合作。他说，他在团队中没时间见其他朋友，团队第一，"我们相互依靠"。我指责他已经日本化了。他表示，"这将是种赞美，因为他们了解团队需要什么"。

信任的难度

团队的辅助性原则听起来很温暖可靠，在实践中却很艰难，并对负责人有很大影响。首先，团队要足够小、足够团结才能培养信任。信心和信任不能从商店订购。一个人必须在同一个岗位足够久，才能让其他人预判到他们行动和决策的后果。一年的任期还不够建立起完整的反馈通道。更重要的是，如果信心变成偏心，就必须果断无情地采取行动。如果你对团队的某个成员没有信心，那个人就必须离开。如果整个团队都不值得信任，那么整组都应该离开。没有互信，辅助性原则就无法生效，就不得不设置审核和审核人员。猜忌和借口会大行其道，士气低迷，工作质量恶化，残存的信心也会很快消失殆尽。如果犯错的人能够从中汲取教训，错误是可以并且应该被容忍的，但是太多的错误会侵蚀信心，尤其是戈尔公司（W.L.Gore）所说的水线以下的错误、危及组织的错误，这类错误很难原谅。面对这种情况，严格总比后悔强。

汤姆·彼得斯讲过一个精彩故事。迈克·沃尔什（Mike Walsh）接手了振兴汽车零部件生产厂商天纳克公司（Tenneco）的重任。他入职四个月时，听说路易斯安那工厂的经理召集员工开"安全会议"。当工人到达时，他们被告知要躺在地上，被搜查是否有违禁品。沃尔什感觉这种行为完全无助于建立他想要的组织。于是他飞到了现场，为搜查道歉，并借此机会召开了全体大会。在会上，一些员工开始抱怨他们在现场睡的双层车有安全问题。当地经理开始辩解，表示公司为了维护双层车花了多少钱。沃尔什打断他："为什么不直接去看看这些车呢？""外面在下雨。"一些经理表示。"没关系，经理不会被雨淋化掉。"沃尔什说，并查看了这些车。他认为这些车确实有安全问题，并设法将它们修好了。

在天纳克公司的战略计划面前，这件事看起来微不足道。但是故事流传开来，沃尔什的行动非常有助于建立双向的信任，而这对于辅助性原则非常重要。信心取决于了解对方是谁，他们主张什么以及他们会付出多少；取决于真实、正直、性格等基本的人类品质。这些与普遍存在于组织生活中的电子表格和委员会毫不相关。汤姆·彼得斯在他的书中，用了整整一章来阐释"缺失的关键要素：信任"（The Missing X-Factor: Trust），但是并没有提供简单易行的解决方案。

辅助性原则听起来跟"赋权"很像。但这里有个关键的不同，赋权暗示着地位高的人在放弃权力，而辅助性原则则暗示权力原本就是合理地属于基层的，或者是分散的。你把权力拿走只是一种最后的手段。中心的人是地方的公仆，中心以及所有领导者的任务是帮助组织和个人完成他们的职责，让他们得到应有的辅助。通过这种方式，我们可以处理个人的矛盾——既希望有归属感，又不想被人摆布。或者说，被"赋权"隐藏的信息就是，"我授权你做这件事，但是如果我不喜欢你的做法，我也可以收回你的权力。"因此，辅助是一项艰难的任务，人们必须了解自己的责任，然后履行。这也意味着我们要直面分歧。如果我们要承担起责任，我们就需要清楚地知道成功的标准是什么，什么是能接受的，什么是不能接受的。只有相互信任，才能积极处理分歧、争议和冲突。基于辅助性原则的组织充满了模棱两可、争论甚至冲突，但是如果争论发生在值得信赖的朋友之间，且大家因共同的目标团结在一起，那么这样的争论是有用的。苏格兰哲学家大卫·休谟（David Hume）说："真理源于朋友之间的争论。"

　　因此，管理一个以反向授权和信任为基础的组织非常费心费力，中心机构也会感到非常孤独。正如 ABB 公司的一位董事所说："我们能做的就是观察群体行为，看到他们总体上是在向西移动，我们松了一大口气。"那么，为什么还有这么多组织试图让反向授权发挥作用呢？这在一定程度上是对个人矛盾的回应。受过良好教育的知识工作者越来越想要同时拥有自由和组织。为了吸引和留住最优秀的知识工作者，为了成为所谓的"首选组织"，辅助性原则是必须保证的。

　　我们大部分人都跟知识工作者没什么不同，想要拥有自己能做主的工作，但是我们也喜欢在组织中工作。我们需要知道组织对我们的期望是什么，然后有自由裁量权用自己的方式完成它。更紧要的是，辅助性原则也是对组织需求的回应，我们的组织需要保持灵活，但要前后一致，要满足所有人的所有要求，但也要公认地一视同仁。然而，究其本质，辅助性原则是道德上的当务之急。权力属于个人，而经理人、教师、父母的挑战就是去帮助他们负责任地行使权力。

　　辅助性原则强调我们每个人的权力和责任。在任何社会，这都是公民概念的基础。如果想要个人自由，想要有医疗和福利保障的个人自由，我们就必须接受自己对同伴的责任，赢得允许我们自由的信任。这些事是我们从父母和老师那里学到的，而暗含在辅助性原则里的信息会帮助我们成为更好的父母，让孩子承担力所能及的责任，然后帮助他们完成它。辅助性原则是个古老的词，含义丰富。它听起来可能过时了，但事实上它带来了现代的活力，丢弃它是愚蠢的。

THE EMPTY RAINCOAT

Making Sense of the Future

企业的意义

本书开始于一个空雨衣的象征符号，以及在各种进步和经济压力中重新找回我们自己的挑战。所以，我们必须审视企业在社会中的位置和意义。即使那些生活在远离制造业的工厂和远离进行贸易的商店的人也有必要对企业有些了解，知道它是为了谁，为了什么。直接或间接地，人们经济的好坏都依赖于企业。经济衰退会让每个人意识到健康的贸易板块在经济中的重要性。当企业下行时，就业、税收、房价、政府预算等一切都将衰减。然而，这是否意味着企业就是创造财富的工具，它们最好闷声赚钱就行了？或者恰恰因为其社会影响力，企业必须意识到它们有比让自己的老板变富有更广泛的责任？

更直接地说，商业思想已经入侵了我们的生活，所有事情都被看作某种生意。现在，无论我们是医生、牧师、教授还是慈善工作者，我们都在

"营业"。实际上，每个组织都是一个企业，因此它们都会面临同样的评判标准——其消费者或者客户的投入产出效率，都要面临竞争以及与竞争对手比较。唯一的区别是"社会化企业"不用分红。我曾确信，美国人一直都知道这点，但是直到最近，大部分欧洲人才开始接受这个残酷的现实。

最近，英国把学校、医院、医疗机构甚至政府的市民服务部门都改革成独立的企业。国家财政仍会提供支持，但是会考察其资源利用效率，并要求竞争客户。当"企业化"的概念深入人心时，我们应该意识到我们的生活方式将发生怎样的一场变革。然而，其中一个影响是，所有这些组织提供了整个社会1/3的就业，它们将必须回答同一个困难的问题——企业是为了什么，属于谁，是我们这些为其工作的人吗？它们是社会属性的还是商业属性的？它们是工具，或者不仅仅是工具？我们的权利是什么？相应地，我们的义务是什么？

我们确信，任何事都比中心控制系统更好，却很轻易地忽略了我们的大型组织在以类似的方式运行。而且，很明显资本主义不仅仅只有一种形态。法国经济学家米歇尔·艾伯特（Michel Albert）在他的《资本主义反对资本主义》（*Capitalism Against Capitalism*）一书中阐明了盎格鲁－撒克逊资本主义和欧洲大陆资本主义之间的差异。但是还有亚洲资本主义，尤其需要关注的是其在日本的变体。

盎格鲁－撒克逊资本主义需要从其他的变体中学习很多。一些人认为英国和美国的企业应该效仿日本和欧洲大陆的企业，与六个不同的利益相关方达成契约：最显而易见的是投资人、员工、供应商，还有消费者、环境社区和周边社区。这种六方契约不可避免地会改变企业的优先事项，给这些利益相关方的关注点留出更多空间。因此，企业不再仅仅是赚钱的工具。但讽刺的是，全球竞争的压力正在迫使其他模式的企业尽快地转向英美模式，就像英美也在向它们转向一样。

"企业的目的是什么"这个问题将在第八章"企业契约"中具体阐释。我认为，不同的资本主义模式确实需要相互融会贯通，借鉴彼此传统中的精华，锻造出一种全新的资本主义：既能服务社会，又保持灵活高效。

对于"企业属于谁"这个问题，我也有同样的倾向。有种想法是公司是一种财产，任何人只要有足够的钱都可以拥有它，或者拥有其部分份额，而且这种财产的买卖可以无视那些为其工作、与其共生的人。但是在现在这个时代里，真正的资产是人才，而不是事物。所以我很质疑这个想法是否仍然有效。我们考虑到"社会化企业"时，财产论当然不是个有效的概念。那它们是哪种类型的机构？与其争论谁是真正的主人，我提议第三方视角——所有权不再是个有效或者切题的概念，财产也不是。我们应该考虑"成员制"的概念。

我将在第九章"成员制企业"中进一步探讨这部分的思考。成员身份给在企业中工作的人提供了意义和责任，他们不再是工具或者员工，而是拥有了选举权。具有讽刺意味的是，如果我们回到"公司"这个词最初的含义，我们会意识到公司就是一群同伴，彼此都是其成员。在一些临时的戏剧公司，或者伦敦古老的服装定制公司，以及现在的慈善机构而不是企业中，公司最初的含义历久犹存。或许，我们应该重新关注这个词的原始含义。

从这个意义上讲，公司的概念早就存在于许多志愿者组织或者非营利机构对自身的理解中。这些组织越来越"商业化"，我们可能也会看到企业在非营利领域中找寻自己的新模式。非营利世界深谙核心资助和可选空间的结合，即甜甜圈原则，也非常熟悉契约在公益事业中的必要性。这些组织可能很意外地掌握了通往资本主义第二曲线的线索。

在遥远的美国密歇根州和巴西，还有更多的线索。如果资本主义打算证明自己是有人情味儿的，我们需要更多的线索。

第八章

企业契约

有些人宣称，没有比自由民主和自由市场企业相结合更好的社会运行方式了。企业为我们提供财富和机会。西方的顾问和经济学家带着他们通宵赶制的案例，涌入中欧的新兴市场经济体，向中欧的人们展示如何在 24 小时内用他们的方式实现自由民主和自由市场。

新资本主义最初的结果并不太令人欣慰。波兰的工业产出在 1989—1991 年下降了 35%，通胀达到了 260%。匈牙利声称为新经济转型做了最好的准备，但是在 1989 年，食品等基础花费占家庭平均消费的 45%，并在 1991 年跃升到 70%。

不同模式的资本主义都有共同的基本原理——自由市场、资产私有制、私人投资方向。它们还共享六方契约的思想。在每个模式中，公司都在六方利益群体共同界定的空间中运营，包括股东或投资人、员工、消费者、供应商、社会以及周边社区和环境社区。它们的差异在于，对每个利益方的重视程度不同。在回答"企业的目标是什么"这个问题时，不同模式的回答鲜明地体现了这种差异。

企业的目的是什么

20 世纪 60 年代，我所在的美国商业学院给出了非常清晰的回答。这个回答被写在每个班级的黑板上方，没人能忽略它：最大化每股的中期盈利。注意，是中期而不是短期，是最大化而不是优化。25 年过去了，一切都没有变化。约翰·埃克斯（John Akers）在宣布辞任 IBM 首席执行官时抱怨说："IBM 的人都忘了公司存在的理由。IBM 的存在就是为股东提供资本回报。"

在这个基础前提下，其他一切都顺理成章：要有一个完美的市场，最好是个聪明的市场，要有聪明、精力充沛且明智的经理人，还要有供给聪明、理性的劳动力的教育体系。现在回想起来，从来没有人挑战过这个前提和假设，这真是很令人震惊。那时候连我自己都对此深信不疑。我曾是一家庞大的石油公司偏远分部的基层区域经理。我看到了公司的财报，但是它的每股收益、盈利能力并不会让我失眠，也不会让我早上跳起来去工作。我并不傻，我知道任何新项目理论上的回报率都要在某个数字之上，我所提议的项目也一直被期望如此。但是不仅是我，据我所知，其他人也不会检查自己是否达标了。

说实话，是我的自尊而不是股东驱动我工作。身处那个遥远的国家，最大化每股收益的概念离我非常遥远、非常理性，也非常不真实。我远在爱尔兰的伯祖母一辈子没有结婚，她总是抱怨我是家族里第一个参与贸易的人。就像我跟她解释的那样，我确信我有更严肃认真的社会职能。我以合适的价格，及时、成功地帮助生产了人们迫切需要的某样东西，并且没有破坏当地的环境，也没有惹恼当地的议员或者居民。这是某种社会契约，当然，它需要利润才能有效运行和持续运行。

现在，我确信我所在的美国商业学院是错的。公司的主要目的不是盈利。它需要盈利，以便于继续经营或生产，并且做得更好、更丰富。利润是其他目的的工具，而不是目的本身。这不是文字游戏，而是严肃的道德观念。必要条件不是目的。在日常生活中，那些把手段当作目的的人常被认为是神经病或有强迫症。为了活着，我们必须吃东西，但是如果说我们活着是为了吃东西，那我们在很多意义上就扭曲了。圣·奥古斯丁说，在伦理学中，错误地把手段当成目的会适得其反，是人类最严重的罪行之一。

20 年前，《沃金森报告》（Watkinson Report）在谈论英国上市公司的责任时表示："利润是最重要的标尺。"但是，是衡量什么的标尺？怎么能把标尺当成目的呢？这就像是说打板球是为了获得良好的击球率。这是完全错误的。你关注数据，是为了继续比赛并进入一线球队。我们需要厘清我们的逻辑。

不同的文化，不同的梦想

经济学家莱斯特·瑟罗（Lester Thurow）在他著作《二十一世纪的角逐》（Head to Head）中表示，盎格鲁－撒克逊经济根植于盎格鲁－撒克逊民族，强调个体，尤其是作为消费者的个体。这些个体对工作并不那么感兴趣，他们感兴趣的是工作给他带来的结果。盎格鲁－撒克逊人想要的结果是个人财富，因为财富才能让他们梦想的生活成为可能。工作是达成目的的手段，而不是目的本身。

以威廉·卡克斯顿（William Caxton）为例，他在 15 世纪晚期将印刷术引入英国，是技术先驱的早期楷模。安东尼·格林（Anthony Glyn）说："卡克斯顿是当代模式的早期代表人物。个人主义的英国人追随自己的个人爱好……作为一个成功的商人，他在 30 年里赚了足够的钱，然后在他的余生投身于他热爱的文学创作。"当我们深究人生的真正目的时，英国商人几乎总是说，他们想赚够钱，然后去做自己真正感兴趣的事。生意只是他们达成目的的手段。

英国商人对永续经营并不感兴趣。比如，其私人企业很少能成为传承三四代的家族企业。他们会在那之前将其卖掉或上市。很多英国企业家认为，让孩子接管生意限制了他们的自由。维多利亚时代的企业家创造了英国的工业财富，却丝毫不想让孩子跟生意沾边，只希望他们成为乡村绅士。

日本则与此大相径庭。瑟罗描述，作为帝国的创造者和社会构建者，日本商业领袖的满足感来自成为一个伟大的、不断发展的帝国的一部分。对于这样的人来说，生产的产品被使用和主人翁责任感比消费商品更重要。事实上，他们会非常乐于用个人消费换取他们"帝国"的成功。他还指出，在罗马帝国，宏伟的公共建筑比豪华的私人住宅多。而在美国常常是相反的。

日本工人加入一家企业，很像士兵志愿入伍，不是为了个人财富或荣誉，而是为了成为某种伟大事业的一部分。在当今的世界，最可能实现创建帝国的是商业公司。基于这些特质，日本公司把长期增长置于短期甚至中期利润之上，毫不奇怪。而且在他们很多的战略决策中，确实很少考虑利润计算。为了击败 IBM，富士通（Fujitsu）以 1 日元的价格赢得了广岛供水系统的计算机合同。在日本，一个 10 年研发项目要求的回报率平均是

8.7%，而在美国和英国，这个数字分别是 20.3% 和 23.7%。结果就是，日本有比其他国家更多的面向未来的投资。1992 年，日本在固定资产方面的投资约等于其国民生产总值的 34.2%，在英国，这一比例是 16%，在美国是 14.8%。

德国又不一样了。德国认为它自己拥有"社会市场经济"，而不是"市场经济"。企业服务于所有人，而不仅仅服务于其股东或员工。麦肯锡德国办公室主席赫伯特·亨茨勒（Heinrich Henzler）曾写道："共同决策的法律与传统的大家长式关心相结合，造就了欧洲的 CEO 们非常忠于他们的员工，将他们视作企业的长期合作伙伴，而不是没有姓名的'生产力要素'。"他所说的欧洲指欧洲大陆，不包括英国。他进一步表示，这是强大的竞争优势的来源。

在德国，企业无论规模大小，每个雇主都认为参与"双轨制"的工作培训是他们的职责之一，哪怕他们最后不雇用受训人员。他们认为培训是他们对于德国企业可持续的投资，他们自己也是可持续的一部分。作为德国经济支柱的中型家族企业很少被出售，而是被视为家族传承的信托财产。

德国股市规模很小（只有 665 只股票，而经济规模略小的英国有 2300 只）的原因之一是，这些小企业是不预提养老金的，养老金留存在企业内部。也就是说，这些企业要持续经营且有能力支付退休员工的养老金。这也假定了那些工人愿意一辈子为同一家公司工作。整个体系的建设考虑到了企业的可持续性和高福利政策的接受度，旨在照顾好那些暂时在福利系统之外的人们。德国企业的存在是为了所有人的利益。

当然，公司也会得到税费减免政策，以帮助它们构建养老金储备池。但同时，企业可以选择如何使用这个资金池。英美公司的独立养老金计划是由外部的人来管理的，德国公司与之不同，它只考虑养老金领取者的利益。德国公司还经常使用这个资金池来投资主要供应商和代理商，以强化彼此的连接。这一做法和日本的非预提养老金储备池类似。这是可持续性的另一种推动力。

银行的角色也强化了企业的可持续性。银行不是短期资金救助者，它们主要考虑的是确保资金安全，以便它们可以回收资金，再借给风险更低、有更好盈利能力的企业。在德国，银行的目标是长期投资，持有企业的股份。1987 年，据《经济学人》统计，德国最大的前 100 家企业中，银行持有 48 家企业 10% ～ 25% 的股份，持有 43 家企业 25% ～ 50% 的股份，还有 9 家企业 50% 以上的股份。换句话说，每家大型公司都与大型银行的网络相互锁定。这也难怪敌对收购在德国很少见，因为很难成功。

新的融合产物

资本主义的模式是历史的产物。一位德国外交大臣曾说："英国人在第二次世界大战后非常慷慨，他们坚持让我们实行联邦制、共同决策和工会制，但是自己却没有实行其中任何一种。"很多人都看到了英美模式的问题，观察到了自私的迹象，所以更倾向于德国模式，并且认为日本模式可能只适于日本的文化。

然而，自相矛盾的是，虽然德国和日本模式很明显是构建富裕和相对平等的社会最成功的模式，但有迹象表明，随着世界一体化的发展，西方资本市场和盎格鲁 - 撒克逊文化的个人自由主义却越发有吸引力。中型家族企业的第三代不再热衷于家族信托的想法，不愿意一辈子锁定在一家企业和一个城市。养老金很快被预提，而那些钱将会涌入德国股市。有人认为这会使德国股市在 10 年间扩大三倍。同时，德国人和日本人在追逐全球企业帝国的过程中，都引入了外国资本。它们所遇到的投资人并不期望共享日本对经济至上的追求，只想要短期回报。

因此，在所有的国家，六方利益群体之间的平衡力量都改变了。从传统来看，在盎格鲁－撒克逊资本主义中，股东是第一位的，其他利益方更像是一种法律上的约束，一种对主要目标的约束。现在，这种模式接受了所谓"利益相关方"的重要性。虽然股东还是第一位的，是最基本的，但六方契约的原则被写入了大部分企业的目标宣言中。股东必须是企业甜甜圈的核心，但是大家对于甜甜圈的外圈空间也取得了广泛的共识：只有其他相关方的利益填满了甜甜圈的空白空间，企业才算是充分发展的。

在日本，最常见的观点是员工第一位的。但是索尼创始人盛田昭夫（Akio Morita）坚持，顾客高于一切。这并非取悦所有普通人的理想主义概念，而是顾客代表了他们所希望建立的商业帝国。盛田昭夫非常谨慎，因为他感受到了来自其他竞争对手的强烈反抗。他们憎恨日本企业宁愿饿死其他利益相关方也要提供给顾客最低价格，获得竞争优势。日本企业的变革调整迫在眉睫，部分是为了应对全球一体化的压力，部分为了安抚那些渴求更多即时利益的相关方。

德国为了平衡六种相关方的利益一直有意识地做了很多努力，亨茨勒称之为"社会平衡行动"。他认为，德国的企业一直秉持一种观念，即无家可归者、文盲和其他各种社会弊病不只是道德上无法接受的，更是有碍经济发展的。因此，企业愿意为了长期利益，承担不菲的社会费用。但是，一些调整也开始了。

过去，德国公司拒绝在纽约证券交易所交易其股票，认为上市后每季度公布财报的要求破坏了企业活动的优先级排序，也让管理层无法专注于长期发展。最近，重组和扩张的资金需求迫使戴姆勒－奔驰公司改变了主意。其他企业也将紧随其后。外国股民不理解日本构建企业帝国的期望，也同样不理解德国公司对社会平衡行动的关注。德国的投资者也开始不满足于曾经的收益。一项关于11个股票市场的调研显示，过去20年，德国股市的投资人收益排名第九。现在，这些投资人开始躁动，甚至还有一个团体起诉了德意志银行。

即便没有外部压力，德国企业也担忧社会平衡行动的成本太高了。德国的就业机会正在流失。宝马公司的新工厂选址在美国，大众汽车正为其超级工厂调研西班牙。匈牙利和捷克共和国这两个邻国拥有技术熟练的劳动力，其成本只有德国劳动力的1/4，甚至是跟德国的东部地区比。德国东部地区的社会成本也将德国社会统一的共识推到了极点。新一代德国人可能并不想像他们的父辈一样为社会凝聚力买单。

企业的存在主义

随着文化的融合，企业的目的变得更加模糊不清。德国的社会平衡行动、日本的商业帝国、英美的股东优先回报权，所有这些都随着六方契约思想的强大而变得更柔和。那么，在这个更融合的新世界里，企业的目的是什么？我想真正的答案就是"它自己"。我们可以称之为企业的存在主义。

存在主义的企业依照六方契约运营，但是在契约的限定范围内，要以增长和发展作为主要关注点。存续和基业长青是企业的目的。当然，有的企业很可能不会基业长青——上市公司的平均生命周期是40年——但这是一个有价值的目标，因为除非六个利益相关方都满意，否则企业也不可能存活那么久。我很喜欢的一位家族企业的负责人，他俯瞰比利时小镇的屋顶，那些屋顶下是被他的公司管理和雇用的人们，他说："我们不得不在两次世界大战中袖手旁观，因为他们全指望着我们呢。在一个家族企业里，你的考虑超越了个人生死。"

没人能躺着声称"长青"，他们必须让自己值得"长青"。一家公司只有在人们能承受的成本下，做出对人们有用的事，才能有资格存活。它还必须有足够的资金，以实现持续的增长和发展。企业的存在主义不是另一种形式的自私，而是美国管理学作家詹姆斯·奥图尔（James O'Toole）所说的"利益相关方的协同"。不朽符合大部分股东的既得利益，同时，只要企业不作恶，员工、消费者、供应商和社区也都更倾向于企业的长久存续。而且，现在很多投资机构因为所持股份份额太大很难调仓，都被迫与企业长期锁定。所以只要收益合理，它们也满足于企业的存续。

然而，"利益相关方的协同"听起来不如"股东价值"令人心潮澎湃，所以我更倾向于用"基业长青"这个定义。

更好而不是更大

那么存在主义的公司的目标是什么？每家公司的答案都不同，投资人满意是一个必要条件，也是企业甜甜圈的核心，还有的回答是让顾客和利益相关者满意。但是这些都是必要条件而不是目标。这个目标可以像日本企业一样，要征服世界，也可以不那么宏大夸张。企业可以增长，但不想成为最大，甚至可以不想变大。

在北加州葡萄酒之乡度过了阳光普照的一天后，我向酒庄的老板询问他未来的打算。他说，他对自己的酒庄充满了热情，他把每一分钱都投入到它的增长中。"你能往哪个方向成长？"我问道。他环顾四周的山谷，那里的每一寸土地现在都完全种满了别人的葡萄藤。"哦，我不想扩张，"他说，"我想变得更好，而不是更大。"

更好而不是更大，是一种目的的定义、一种增长的方式、一种基业长青的秘诀。"我们是什么"，作为目的的一个方面与"我们做什么"一样重要。然而，存在主义的公司需要法律进行一些修改，至少在英国和美国是这样，因为股东的权利将受到严重限制。也许不用。两国的法律已经承认公司本身就是一个实体。大法官埃弗谢德（Evershed）在 1947 年总结说："在法律上，股东不是企业的部分所有者。企业与持股的总和是不同的两件事。"

法官描述的是一个存在主义的公司、一个独立存在的公司、一个拥有自己的生命和未来的东西。他认为，在法律上，所有公司都是存在主义的。我们必须认真对待这一判断，并赋予它意义。我们必须假设每家公司都有自己的生命，需要目标和方向。它本身就是目的，而不是别人拥有的工具。如果我们不这样做，如果没有各方都认同的共有的身份认知，那么不同利益群体相互妥协、达成折中解决方案的机会就会很小。然后，可以想象，每个人都会奋力争取自己的利益，最终最强硬的要求将成为主要目的。

找到目的

盎格鲁 - 撒克逊国家并没有日本和德国企业所普及的文化信念。企业的领导者将不得不创造目的，强制大家接受。虽然盈利能力对企业持续的存在和增长至关重要，但是它仍然引发了"为了谁"和"为了什么"等问题。只有盈利并不足够。目前，对于很多人来说，问题的答案似乎是"股东"和"他们的发财致富"。与其他国家不同，英美国家的经理人有一定比例的奖金与股价挂钩，这让他们被视为与股东形成联盟，而不是与工人。然后，工人和六方利益群体中的其他相关方都被经理人视为成本，而成本是我们本能地寻求削减的东西，大家很难有共同的归属感。

1993 年的某一周，在饱受经济衰退折磨的英国，四家大型上市公司公布利润大幅下跌，其中两个还开始亏损，但是它们并没有更改股息。正如英国贸易委员会主席当时评论的那样："据推测，这意味着，相较于允许企业继续保留资金投资自己，股东从企业中抽出资金能赚更多钱。"那些企业基业长青的希望可谓渺茫。

数字再次说明了一切：自 1975 年以来，英国公司平均保留了利润的45% 用于再投资，美国公司是 54%，日本是 63%，德国是 67%。在这样的情况下，英国的股票持有者把资金从慷慨的英国公司中拿出来投资到海外，看起来就非常合理了。海外公司很明显更相信它们自己长期的未来。

不是所有的盎格鲁－撒克逊公司都这么想。强生公司的信条在美国非常知名，40 年前，由董事长罗伯特·伍德·约翰逊（Robert Wood Johnson）制定，它列出了公司的优先级排序：

首先，服务好消费者；

其次，服务好员工和经理；

再次，服务好社区；

最后，服务好股东。

在泰诺事件中，这个信条经受住了考验。当时，泰诺最畅销的止痛药有几个批次被篡改了，造成几位使用者的死亡。强生的回应是：将所有 3000 万粒胶囊从货架上召回。从长远看，它获得了收益，因为它声誉飙升。

　　如果这是种美国企业惯常的操作，那么强生公司不会在美国以其信条而闻名。这与日本公司的优先级排序倒是有些相似。跨文化管理开创者之一的冯斯·琼潘纳斯（Fons Trompenaars）曾做过一项研究，来自不同国家的经理人被问及他们是否同意最终效益不应该是公司的真正目标，而应该考虑其他利益相关方，96% 的日本经理人同意这一说法，在德国，有 86% 的经理人同意，而在美国，这个比例只有 53%。英国以 78% 的比例介于两者之间，赞成利益相关方的平衡。

　　如果我们不尽快地改变方式，我们可能会看到英国的资本主义恶化为在中欧所看到的那种野蛮的模式。而且毫无疑问，英国的通胀会更高、社会会更腐败。我们解决问题的一个方法就是，从存在主义的公司的角度思考，在六方利益群体内争取增长和基业长青；另一个方法是重新思考我们所说的"公司"是什么意思。

第九章

成员制企业

　　企业由股东所有。这是一种奇怪的所有权类型：首先，这些所有者通常只承担有限责任，这种设置是我能想到的其他所有权都没有的；其次，他们所拥有的这个"东西"主要由人组成。

　　我们可以在历史中找到这个设置的原因。但是，正如我曾强调的，历史并不一定是未来的最佳指南。有限责任制最巧妙的发明是，它允许私营企业对扩张所带来的风险承担有限责任。一个半世纪以前，这是一项特权，赋予那些真正拥有自己的企业、运营它们并与它们休戚与共的人们。他们被企业的命运所束缚。他们拥有的资产是客观可见的，比如，砖块、机器、原材料。人们是"手"，受雇在"资产"上工作，就像他们曾经受雇在土地上工作一样。所以，如果企业主要尽其所能地快速扩张，他们不该拿自己的全部个人财产冒险，这是合理的。因此，这项特权在特定传统下赋予特定时期的人们。这项特权也暗含了一些责任，比如工人的福利、工作的质量等。这些责任并非总会兑现，但是所有权和有限责任的特权还是长久地留存了下来。假如没有它，英国铁路永远不会建成，工业革命也不会有如此规模。然而，曾经正确是不是现在也一定正确，就是另外的问题了。

所有者还是投注者

所有权可能不再是个合适的概念，集所有权和经营权于一体的私营公司企业主概念更合适。他们有特权也有责任，最有资格继承这一传统。他们的未来与企业的未来绑定。对于上市企业来说，情况完全不同。这些公司的所有者大多是机构，投资基金、养老金基金、保险公司等，它们不直接参与企业运营，不负责管理，也不在其中工作。它们没有被绑定。英国大型机构投资人的平均持股时长是四年，它们的责任是随时可废弃的。如果形势发展得不好，它们的最佳策略是摆脱问题，抛售股票。很公平，规则允许它们这样做，它们自身的基金持有者和股份持有者也需要如此。其结果就是上市公司的股东变成了《经济学人》所说的"投注者"，股东等同于赛马场赛马的支持者。

期待投注者支持一匹栗色骟马，并陪伴它整个职业生涯，或者坚持要求训练师接受他们的建议，这是不现实的。如果他们不喜欢它的状态，他们就把钱转去支持另一匹马。他们或许是投注者或者投机者，不可能成为真正意义上的所有者。用税收优惠或法律要求来绑定他们，就像曾经的那些"自由市场的沙子"的描述一样。尽管如此，这些投注者仍拥有非同寻常的特权。为了他们的赌注价格，他们时不时地在竞拍场上投票决定谁该拥有他们的马。这意味着他们必须持续地被讨好，因为谁知道拍卖锤什么时候敲响呢？基于这样的规则，任何一家上市公司在任何时段都有可能被出售。

有人认为，竞拍场上永不停歇的变化占据了训练师全部的注意力。众所周知，糟糕的公司偶尔会这样，但它们并非为了自身利益。我曾问一位超市的董事长，为什么积极地拓展法国和比利时市场，尽可能地收购竞争对手？是为了利用新的欧洲统一大市场吗？他回答："不，我们想要让自己变大、变复杂，这样就没人试图吞并我们了。"抵御收购的最佳方式很显然就是收购别人。但是很多证据表明，大多数时候，收购者最终都比被收购者做得更糟。如果能使经营者不为竞拍场而分心，成本可能是合理的，但是这跟原本的生意毫无关系。

人们甚至不需要感受到拍卖场的威胁，就能被分心。一位大型德国企业的董事长被问及为什么总是拒绝在纽约证券交易所上市时，他说："因为每季度公布财报的要求会毁掉我的经理人的远见。获得美元基金跟失去远见比，得不偿失。"或许，他还会被迫跟随他的同国企业进入"拍卖场"，但是他了解其中的风险。经理人和投资人有不同的时间观念，这是由他们职责的天然属性决定的。这无可非议。但是我们需要的是折中方案，而不是伪所有权的一言堂。

有人说，把经理人和工人都变成所有人就消除了股票拍卖场的压力。但是近年来，管理层卖空股票的历史说明，所有权型经理人跟其他人一样容易受大额报价的影响。我认识很多这样的人，10 月还自称要致力于长期的管理工作，11 月就带着几百万美元退休了。

还有些人希望找到那些能充当长期所有者的机构，组成核心财团，比如银行、养老基金、共同基金和其他公司。然后，其他投注者在边缘的下注就不会影响到企业长期的所有权。然而，几乎拥有英国或美国股市一半份额的养老基金，只对养老金保险者负责，一直都避免自己被套牢。在美国，它们被禁止参加被投企业的董事会。

有些人希望，所涉及的基金规模能有效地把机构投资者锁定到股市指数中，所以他们会满足现状。没有迹象表明，那些机构或者更准确地说是他们的基金经理，会满足于做一个不活跃的投注者。至于个人股票持有者，一份报告预测，最后一批个人持股者将会在2003年清仓。还有些人梦想着，有一天我们全民都会是独立小股东，这终究只是个梦想。而且无论如何，他们会跟大机构的行为不同吗？这很值得怀疑。他们为什么要不同？

一些迹象表明，投注者开始被迫表现得越来越像真正的所有者了。美国的一些州立法使恶意收购更加困难，迫使股票持有者只要希望改变，就要向公司董事会施加压力，而不是等待其他人的收购。几位大型英美公司的董事长就是在这样的压力下提早退休的，但是这通常已经太晚了，给他们的继任者留下了太多要做的事。

财产还是社区

与其浪费时间纠结规则，我们应该反问自己，我们是不是还在玩和过去一样的游戏？为什么把一群组织起来的人将一份财产按照市场价买卖视作是明智的？要知道，现在的公司就是人的组织。一家企业不需要像微软那样稀有也能理解它的核心资产就是其"人力资源"以及这些人才所拥有的智力优势——不仅是他们的创意和技术，还包括他们的关系网络、社交技能和经验。所有人都认可，日本经济的崛起与其原材料资源毫无关系，它完全依赖于其教育和管理人才的方式。我们已经慢慢地接近了这个显而易见并且适用于所有人的结论——我们必须把人才当作资产，把我们大部分的财产视作智力的变体。

知识产权是一个很简洁的词，但是它误导了我们，让我们误以为同样的所有权传统还能持续，其实它们不能。知识产权的核心是人。如果组织不是人的社区，那就毫无意义。社区不是财产，说一个社区由外部人所有是没道理的。社区也不是可以买卖的商品。社区有成员而不是员工，且社区属于它的成员。只有外来人，而不是内部人，才会被社区雇用。如果社区需要钱，它可以借贷或抵押贷款，或者用部分有形财产担保；它也可以出售未来净收入流的部分份额（一种股权形式），以便它的资金提供者可以与其共享未来财富，但是任何一股都不附加其他权力。社区属于其成员。

这在实践中意味着什么？企业将成为自治社区。有限责任仍将适用，并且再次证明其合理性，因为现在企业再次只属于它的成员。金融家实际上持有抵押贷款，但只会在企业偿债违约时干预管理。一些抵押贷款可以不承担债务，但永久分享收入流。抵押贷款可以交易，股市仍会继续，但是只是作为投注场而不是拍卖场。企业只会基于其成员的决策被并购或者倒闭，毫无疑问，这些成员也会对他们的资金提供者更有信心。从表面看一切如故，但是内部感受迥然不同。

我曾与东安格利亚一家小型电子公司的管理层有过交谈。他们在三年内换了三个不同的公司所有者。他们说，这非常不利于长期规划或士气。我只能说，我很钦佩他们的英国天赋，能够这么轻描淡写！它已经成为大集团业务组合的一部分，预备在集团重新调整企业资产时再被出售或交换，从而展示给其所有者一份"看起来很美"的蓝图。这没有多大意义。

海外的观点

在日本和德国，虽缘由略有不同，但是将公司视作社区，资金提供者作为抵押贷款方的思想早已存在。米歇尔·艾伯特（Michel Albert）称之为"莱茵模式"（Rhine Model），因为它主要在莱茵河流经的国家盛行。瑞典和日本也都奉行该模式，仅有些微的差别。艾伯特研究了莱茵模式和盎格鲁－撒克逊模式这两种资本主义变体后表示，二者在公司的财产概念上有显著不同。

在日本，股东更像是公司优先债的持有人，他们的股息基于每股净值而不是股票的市场价。他们大多是企业的供应商或者生意伙伴，通过与优秀的高增长企业做生意获得回报。他们是银行家、借贷公司、保险公司、零件供应商、分销商，以及如卡尔·凯斯特（Carl Kester）在研究中所说的"将股份视作加入互惠合作系统的门票"的其他机构。

与盎格鲁－撒克逊传统不同，日本的董事会和管理层不会被视为投资人的代表，而被视为工人的代表。资深经理人的奖励不像英美那样被授予股票期权，与股东利益相关联。相反，他们通过奖金系统与全体员工和公司成员的绩效挂钩。依照法律，任何兼并和收购都需要公司多数董事的同意，但是董事几乎都是内部人士、在职经理人，代表了与他们一起工作的人们。如果财务回报令人满意的话，日本的股东几乎没有任何权力。

日本公司为了资助增长会高额举债，但是一旦获得了资金，它们就会尽全力从留存收益中为未来增长提供资金。在 20 世纪 80 年代，日本公司平均借贷金额是美国公司的四倍。唯一例外的是，丰田公司完全没有负债，并因其自给自足的财务实力被称为丰田银行。丰田不希望它的投资人变成控制人。

受到热议的日本企业终身雇佣政策也符合社区概念。社区成员不能被驱逐，他们终生都在那里。然而，日本企业将确保企业核心尽可能小，只有少数最优秀的人才能成为企业核心。而且人们并没有完全意识到，终身雇佣制只适用于男人、大型企业和全职员工。大家普遍认为真正的社区成员不到员工总数的 30%。难怪加入那些企业社区的竞争如此激烈，也难怪企业会花费如此多的时间在员工培训和发展上。它们别无选择，它们不能出售它们的人力资产，再买入其他的。

德国和其他一些欧洲大陆国家也在实行同样的概念，但是基于不同的历史原因，与日本不同，德国企业并非由一些巨头主导。1989 年，《商业周刊》发布了全球排名前 1000 的大型企业名单，其中有 353 家美国公司、345 家日本公司，却只有 30 家德国公司。这些公司只在法兰克福证券交易市场上活跃。当然，法兰克福证券交易所只有 665 家上市公司，而伦敦交易所有 2400 家上市公司。正如我们之前提到的，德国的实力在于其中小企业——中小型规模的家族企业。

汤姆·彼得斯最先向美国揭示了德国的中小企业现象，他表示，这些公司大约有 30 万家，其员工人数在 10 ～ 3000 人。意大利北部的家族企业相对鲜为人知，但同样重要。它们主要生产针织品、纺织品、砖块、瓷砖、家具、液压及农用机械等，所有这些中等科技水平、以设计见长的产品构成了意大利出口贸易的主体。意大利的大型工业联合企业基本都是国有的。

这些德国和意大利企业都是家族式的，它们想要全球影响力，而不是全球规模。它们专注于自己擅长的，并确保其足以达到世界顶尖水平。这种发展思路让它们可以在不变大的情况下成长得更好，且一直保持家族模式。它们的资金提供者是投资者，而不是所有者或控制者，大多是被长期有效锁定的银行和保险公司。除非转给企业的其他朋友，否则投资者很难出手他们的股份。

这些企业关注的重点是尽可能长久地既赚钱又愉快地做下去。这是一种生活方式，而不是达成目的的手段。既然基业长青是重点，股东都被长期锁定也不能太贪婪，家族负责人就不可避免地要为企业做长远打算，例如为创新进行巨额投资，保持精简而杰出的核心团队。然而，这些企业是家族，而不是成员所有制的社区，企业所有者仍然是家族负责人。虽然家族负责人良莠不齐，但其中的佼佼者会认为自己不仅要为他们孩子的未来负责，还要对他们工人的子女的未来负责。因此，以短期的牺牲换取长期的机会是合情合理的。汤姆·彼得斯记录说，他所遇到的中小型企业主讨论的都是几十年而不是季度的规划，也就是说，季度根本不值得他们费心去做时间表。

然而，家族企业的基业长青取决于家族，这往往是个脆弱的基础。意大利人都在讨论"富不过三代综合征"，当家族人才凋零或继承者想去追逐其他梦想时，家族往往如英国老话说的那样，白手起家又再度返贫。许多中小型企业现在都到了第三代接班的时候了。有些企业的 S 型曲线已经开始下降，丧失了创新进取心。家族也开始变得懒惰或贪婪，或者二者兼具。有些企业正在寻求出售。如果家族意味着全体工人的家庭，或者工作社区的所有成员，那么这些中小企业的基业长青将会得到更好的保障。德国更大型的企业则奉行共同管理决策机制，在监事会中有同样数量的股东和工人。这一机制试图在大型企业中创造一种家庭意识。

我认为，在讨论企业的契约时，只有所有利益相关方都是存在主义的，而且意识到他们对自己企业的命运负有全责，企业才有可能实现各利益方的平衡。只有他们是独立的，不受任何外部控制或不被外部拥有，平衡才有可能实现。对于日本人来说，公司就是社区；对于欧洲大陆的人来说，最好的公司像家庭一样运营。这两种概念对英国人或美国人来说，都毫无吸引力。他们都听起来含混模糊，没有活力。然而，有一个词，最近才拥有了正确的历史的古盎格鲁－撒克逊语词汇——它就是"公司"，意思是伙伴关系，即一群同伴。在历史发展的某个时刻，它获得了它专业的法律定义，并失去了其原本的含义。或许，我们曾经在某个时刻对公司有过正确的概念。

重塑"公司"

这种老式"公司"的模式还在我们社会中一些意想不到的地方存在着。我们可以借鉴它们的方式，但我想名字就不用借了，比如俱乐部。俱乐部是一个属于其成员的地方，成员们的基本目的就是俱乐部持续存在。俱乐部通过做自己最擅长的事，最大限度地保障其持续性。为它提供资金的人是其未来的投资者，而非所有者或控制者。它的管理层为成员工作，而非为提供资金的人工作。

然而，或许最有趣的模式是在慈善和非营利领域。这些组织不属于任何人，它们有章程、成员、董事会和管理委员会，还有资金来源，但它们没有股东。虽然它们可以联合、合并、结成联盟，但它们不是财产，不能被买入或卖出。在它们的甜甜圈中，核心是专业工作者，外圈空间满满地都是帮手。这些帮手通常被称为"同事"，拥有有限的会员权益。这些组织的头衔通常是"社团"。比如在英国就有很多的皇家学会，它们的目标各有不同，但都声望卓著，都是社区。社团（société）这个词在法语中指企业，在盎格鲁－撒克逊国家中可能也是，但最好是按照"公司"的旧定义重塑

"公司"。"公司"将有一个由"同伴"组成的核心，并在核心周围的空间中拥有"同事"。它将是存在主义的，在六方契约的限定下为自己的命运负责，不断努力，把自己擅长的事做得更好，为了基业长青而奋斗。

权力的分化

有人会说，自治型企业一定会是滥用的通行证。不是所有的企业都值得长久存在。所有这些都没错，但是市场是个伟大的矫正器。随着时间的推移，它会把系统中的烂苹果挑出去。而且这还不够。联邦民主政体非常重视三权分立，所以，重塑的"公司"中应该有此设置。

立法或政策制定职能与行政或管理、司法或监督角色是分开的。这些角色相互重叠，行政部门会提议大部分的政策，司法机构实施的法律则由立法部门制定，但是职能是完全分开的，而且通常由不同机构的不同人来执行。这种做法正逐渐扩展到组织。在慈善或非营利机构中，董事会或理事会与行政部门完全分开。在英国，有一个外部监管机构叫"慈善事务委员会"，其工作是确保慈善机构言行一致。欧洲大陆国家也倾向于为其公司设立两级董事会。

英国和美国虽然赋予管理委员会的头衔是"执行委员会"，但实际也是在走同样的路线。1992年英国的《卡德伯利报告》就公司治理的财务要求，建议董事长和首席执行官的角色通常应该分开，董事会中还应该有大量的外部董事。这是朝着同样的方向迈出的一小步。越来越多的公司开始把它们的司法职能置于单独的位置，以便董事委员会确保公司运营符合自己的规则和标准。甚至有传言说，要成立一个由独立股东组成的小型受托委员会，享有有限权力，主要对账目和董事会成员的任命进行检查和监督。

在 1993 年与维珍航空公司闹翻以后，英国航空建立了一个新的合规委员会。有人说这是个亡羊补牢之举。尽管如此，它是一个实质上的自治机构，向恰当的权力平衡又迈出了一步。在德国大众公司和美国法尔莫（Phar Mor）连锁药店，大规模的欺诈行为显然已经进行了很多年，董事会却没有意识到这一点。

有效和独立的管控系统对自治机构的治理至关重要。权力需要更明确地分开，并在一个"存在主义的公司"中单独配备人员。司法或审计的权力也有必要放在组织之外，交给独立的监管机构。在由少数公司主导的行业中，已经开始实行这样的机制，这些公司也因此在很大程度上控制了自己的命运。

还有一个存在主义的社区，多年来不曾实施过三权分立，而是相信政策、执行和监管三种职能集中会更有效率。这个社区就是保险经纪公司伦敦劳合社（Lloyd's of London）。它现在已经改变了，将三种角色分到不同的机构中，但是变革前，一系列的欺诈、管理失误和糟糕的政策已经导致其名誉扫地，社区成员流失，以及三年共计 50 亿英镑的亏损。人们强烈地认为，权力集中会导致对违规行为的盲目、战略上的愚蠢和管理上的松懈，而不是任何效率的提高。

成员制契约

然而，归根究底，一个自治俱乐部能在竞争的体系中生存，唯一的原因就是它值得生存。对生存的威胁之一是不断变化的成员构成。这好比，如果父母身份有五年限期，那么他们不会有动力为孩子的未来做规划。在现在的英国和美国，组织都只是个人获取荣誉和财富的脚踏石，所谓的基业长青毫无意义。忠诚必须是互惠的，限时的合同只会带来限时的忠诚。

我们需要更多的终身合同，但我们也要记得，企业的生命周期在未来会更短很多。年轻的员工可能先有 5 ~ 7 年学徒期或学徒合同，然后再签 10 ~ 20 年的固定期限任职合同，在此期间，他们将会是"公司"或俱乐部的正式"成员"。岩尾教授统计过，日本企业的核心员工在同一家公司平均的供职时长为 14 年。实践中的终身只是意味着长期。人们会在一家公司完成任期，然后再成为另外一家公司的成员，就像会计人员已经实行的那样。在他们的供职期结束后，可能会续约或者转向兼职，成为老东家的独立顾问或者供应商。成员身份将会成为一种精选的少数人的特权，与合伙人身份类似，但是承担有限责任。核心成员需要互惠的责任和忠诚。

1993 年，BBC 总裁被发现其通过自己的私营公司向英国广播公司出售服务。在他所在的商业电视行业，短期合同盛行，这种操作是完全合法的。但是，即便行业如此，BBC 认为长期忠诚是基本规范，不能认同此行为。许多人的感受是，如果一个组织的负责人很明显把自己的工作当成暂时任务，那很难要求其他人忠诚。

这是一场象征着时代冲突的争论。越来越多的职业人士认为他们只是组织的临时工，首先忠诚于他们所在的团队或项目，其次是个人的职业或专业，最后才是其施展所长的组织。在城市中，整个分析师和经销商团队经常在一个又一个组织中轮转。企业中的资深岗位通常都是三年合同；高管和医生一样，随着职业的发展，不断地换地方。如果这种趋势继续下去，对"公司"的忠诚度将是非常短期的。英国广播公司的焦虑是对的。

我自己的信念和希望是，这种趋势也会受到 S 型曲线的影响，未来公司将会希望保留住它们关键核心成员的整个职业生涯，尽管他们的职业生涯会比现在更短。为了做到这一点，它们需要赋予关键人员成员资格及所有相关福利，包括作为所有者的实际权利。这些权利要超越现在的股票期权模式，这种模式只是给了股票持有者在投注者的赌局上一点少量的筹码。我们更期待的是类似合伙人形式的权利，将关键人员锁定到自治的成员组织中。只有这样，我们才能找到为基业长青做规划的动力。很少有人愿意全身心地为一个投注者所拥有的组织效力。

预览未来

　　然而，如果企业作为自治的成员组织是个好主意，为什么在现实中如此罕见呢？除了一些知名的例子，合作社及其同类的记录和数量都非常稀少，也都很潦倒。合作社经常混淆了所有权和管理权。因为所有权是共享的，它们就认为管理权也要共享。然而，民主不意味着有投票权的也有管理权，也不意味着每件事都需要投票。这样就混乱了。德国和日本的企业不会犯这种错误。

　　现在也有公司在实行员工持股计划，这类公司通过员工持股计划让员工拥有组织的股份。从目前的证据看，效果好坏参半。有些对员工的动力和投入度有所影响，但大多数几乎不起效。科里·罗森（Corey Rosen）和其他研究人员一起做了充分的调研，研究发现，在那些有效实现激励的公司中（占 8% ~ 10%），员工都做出了巨大的贡献，实现了真正的合伙人关系和多种维度的参与感。员工持股比例的多少不重要，股票的市场表现也影响不大。换句话说，真正重要的是成员身份而不是所有权身份。如果没有成员意识，所有权没什么影响力。

　　在英国，最知名的成员制企业是零售巨头约翰路易斯合伙公司（John Lewis Partnership）和它的连锁百货公司。该企业属于它的成员，他们从其利润中获得股息，选举董事长，但是委托管理团队做传统的行政管理工作。但是，他们不拥有可以出售的股票。这是个真正的商业社区。然而它的模仿者很少。

这一定是因为我们执着于所有权和财产的概念。这也在很大程度上是过时的法律制度的错，至少在英国是这样。乔治·戈伊德（George Goyder）在他的《正义企业》（The Just Enterprise）一书中指出了尤斯塔斯·珀西（Eustace Percy）在 1944 年发表的颇有预见性的评论：

> "这是有史以来法官和政治家面临的对政治重塑最紧迫的挑战。真正生产和分配财富的人类社团是工人、经理、技术专家和董事的社团，但这个社团并不被法律所承认。法律承认的社团是股东、债权人和董事的社团，这个社团不能生产和分配，法律也并不期待它履行这些职能。我们必须保护真正的社团，并从那些假想的社团中收回毫无意义的特权。"

我们的规则不允许一个创造财富的俱乐部不是某个人的财产。一家公司由一些人所有，由另一群人工作，再由所有者的代理来管理，这种固有的矛盾很难平衡。因为无论用怎样华丽的辞藻包装，要找到共同的目标都如同缘木求鱼。最终，我们将不得不改变规则。

然而，我为股份所有权方案的研究感到振奋。除非有成员意识，否则所有权基本不能激励员工。也就是说，如果真的能实现成员意识，那么所有权的技术条件是否成熟并不重要。法律常常遵循实践，但不引领实践。如果更多的辅助性原则、更强烈的双重公民意识、更亲密的团队和更好的董事会所带来的附加值，能够在组织中创造成员感，那么可以想象，所谓的所有者也会回归其应有的角色，作为资金提供者和最后的贷款者。其正式立场将无关紧要，就像在日本一样，或者至少也会与德国类似。

　　尽管如此，我们也很难想象跨国企业巨头和其他大型组织会成为成员制企业。我们可能会看到这些企业分裂成小型企业的联盟。在信息时代，企业不需要跨国企业那样的规模就可以实现全球化。伦敦的《经济学人》杂志只有 55 位记者，但能负责覆盖全球的报道。《经济学人》实际归一个企业主所有，他拥有多数投票权，其他资金提供方的股份投票权很小。该机构设有管理董事会，监督整体企业运营，以及受托人董事会，负责保护选题自由。由于现任企业主宽和的风格，《经济学人》几乎是一个成员制"公司"，任何人一走进它的办公室就能感受到。给予成员投票权，企业的模式就完整了。

　　即便不需要法律的支持，语言和头衔也能产生效果。当里卡多·塞姆勒决定将塞氏公司转变成自治社区时，他将董事改称为"顾问"，称高级经理为"合伙人"，称其他人为"伙伴"，这样大家都要为不辜负新称呼的期待而努力。他在著作《塞氏企业：设计未来组织新模式》（*Maverick*）中描述了这个举措的结果。如果在经济这么艰难的巴西，该举措都能成功，并且没有改变任何所有权的法律规定，那么在其他任何地方它都有可能成功。拉尔夫·塞耶（Ralph Sayer）在尊乐食品公司（Johnsonville Foods）也采用了同样的做法，称其工人为"成员"，称经理为"协调员"，以此来象征组织的新秩序，在这个秩序中，利润共享和企业自治齐头并进。我们无须等待法律的变革。

THE EMPTY RAINCOAT

Making Sense of the Future

重新设计生活

组织架构和企业意义的改变，将有助于为穿越某些矛盾厘清出路。但是，生活的意义和价值只有在生活中才能找到。混乱的时代也是充满机遇的时代。旧的范式在改变，我们不必像父母那样生活，我们能够比他们更容易地塑造自己的生活。工作的碎片化看起来很可怕，但同时也提供了新自由。时间的矛盾意味着，曾经每周 40 小时和一生工作 50 年的时间表，作为一种生活方式，将一去不返。女性将拥有更多的新机会，但也肩负着所有的旧责任。这些责任也会成为男人的新机会，因为旧的性别鸿沟正在慢慢地瓦解。

20 世纪初，50% 的工人都是独立的，在正式的组织之外。20 年前，我们 90% 的人都在组织内工作。最终，这个比例可能又会变回 50%。在新信息技术的帮助下，新思维不仅开始改变我们的工作方式，也开始改变我们的工作地点、工作时间和工作收入。这又导致我们重新思考工作的组织和我们的用人方式。

政府很担忧，因为工作岗位看起来要消失了。这是事实。但是它也变得个性化和非正式了，进而更不可见和不受管制了。如果我们把工作定义为一种积极的活动，那么工作岗位正在消失，但工作没有消失。把工作再塞回组织里，将适得其反。政府越想设置合适的工作条款和条件，（比如《欧洲社会宪章》），就越会鼓励极简组织的普及和更进一步的个性化。不幸的是，我们往往是自己最差的雇主，忍受着任何体面的雇主都不会考虑强加给自己员工的工作条件和条款。我们应该学习与工作的第二曲线共处。第一曲线不会再回来了。然而，如果你愿意，这会是我们的机会，让我们的工作时间符合我们的口味，重塑我们自己的雨衣。

传统工作岗位的消亡、时间的重新分配和生育决策的新空间，再加上更长的寿命，意味着生活中的传统人生大事的顺序不再是固定的，上学、工作、买房子、生孩子、退休不再是默认的逐级任务，生活变成了灵活模式。比如，多次结婚也会得到尊重。有一次，我和一位女士讲一些关于我女儿的事情时，她问："你老婆也有个女儿吗？"她的假设是，在我的人生阶段，我应该已经处于第二次婚姻中。

为了增加选择，在全职工作或育儿时间之外，一个全新的生活阶段也开启了。对于我们大多数人来说，除了工作，我们还会有 25 年左右的健康生活——一个新的人生构成。但是，这不是退休。我们会不想退休，大多数人可能也负担不起生活的费用。工作将会持续，但是在大多数情况下，它会是不同节奏和不同类型的工作。我们必须工作，因为工作为我们的生活提供了框架，是个人甜甜圈的核心。

工作、时间和生活的新分配将会重新勾勒我们的社会地图。新的地图给了我们更多个人选择的机会，也同样给个人灾难带来了更多可能。起初，我们可能很混乱，或者说已经混乱了，大家会非常向往早已熟知的第一曲线。但假以时日，我们将学会平衡矛盾，享受第二曲线。这将是我们所有人生活和工作的新方式。新一代也会一如既往地更容易适应第二曲线。其中的机遇就是，我们将有机会在仅此一次的人生中，体会几种不同的生活。我称之为多重人生。对于年长者来说，第三阶段提供了一个新机会，一个过上曾经梦想的生活的机会。拒绝它是愚蠢的。

第十章
工作时间

工作不再是曾经的工作，无论是在组织内还是组织外。时间的矛盾加上不断变化的工作性质，迫使我们重新思考工作和时间的真正含义——我们何时工作？我们在哪里工作？我们如何工作？我们为什么工作？

极简组织

我曾在亚特兰大跟一位记者会面。我们在她的办公桌边聊天，桌子上堆满了报纸、电话、键盘和屏幕，桌子就在一个巨大的新闻编辑室中间。屋子里有 200 人同时在交谈、打字、打电话和吸烟。我没有椅子，斜靠在她的桌子边。"这太难交谈了，你不能在家办公吗？至少部分时间在家办公？"她惨兮兮地笑了笑说："从不。当然我能在家做很多工作，并且没了争吵、出差和噪声，我会做得更好，我可以在有需要时才进办公室。我的工作全部都要通过电话来完成，虽然现在在这也是这样。""那你为什么不回家办公？"我问。"他们不允许，"她指着房间尽头两扇巨大的玻璃窗，那里坐着两位副主编，"他们喜欢我坐在这儿，他们能看得到我，还能随时吼我。"

总有一天人们会意识到，办公室，哪怕是新闻编辑室，没有必要设计得像个工厂。方便管理人员看到和吼叫，根本不值得付出在亚特兰大市中心占这么大地方的成本。总有一天，我们都想让我们的工作俱乐部成为一个可以去、可以见面、可以吃饭打招呼的地方，而我们不再需要所有时间都在那里工作。当然，如果你负责在商店、前台、教室、医院或餐厅服务客户或消费者，那这种情况例外。然而，这些服务业人员现在也没有办公室或者私人办公空间，他们的工作就在客户所在地。那些每人一个小格子间的办公室将会逐渐消失，与他们一起消失的还有那种生活方式。许多人会为它们的消失哀伤，但是怀旧和怜悯并不会在新的效率时代占上风。

我们不得不重新思考组织契约：当我们提到组织时意味着什么？我们对组织的期望是什么？我们打算为组织付出什么？社会不能再依赖于那些与过往截然不同的新商业场所为每个人提供生活和生计，也无法再像经济爆发期那样，依赖它们去纳税或支付养老金。对于大部分男人和许多女人来说，办公室或者工厂不再会是他们的第二个家。职业发展不再意味着在组织中攀爬工作的阶梯，因为那时候梯子上的等级不会超过三四个。没人会再向一个组织出售生命的 10 万小时。你工作的头衔也不再是你终生的定义，甚至连大部分人生都谈不上。

我们对组织的看法必须发生重大转变。他们现在名副其实——他们不仅是雇主，更是组织者。他们是极简主义者。这一点体现在数字上：大型组织中的人员减少了很多；小型组织中的人员增加了，更多的人独自工作；

不幸的是，更多的人根本没有任何工作，因为他们不具备组织内外部所需的专业技能，繁荣或萧条对他们而言差别不大。在英国繁荣的 1985—1990 年，制造业产出增长了近 19%，但制造业劳动力下降了近 5%。它在经济衰退期间下降得更快。现在轮到服务业了，而这个行业直到不久前才解决了生产力问题。我们注意到，到了 1993 年，在英国，所有正在工作或正在寻找工作的人中只有 55% 在组织内部从事全职工作。在美国，这一比例为 60%。其他国家的数字较高，但正在下降。英国引领这一趋势，是偶然的而非设计的。不久之后，一份合适的组织内的工作将成为少数人的职业。那时世界就真的改变了。大家会怎么做呢？他们将如何生活？打个比方，他们将如何填满这些雨衣？

这些都发生在劳动人口总数不断增长的时期，即有能力又有意愿工作的人数在增长。现在青少年的数量比 10 年前少了 25%，但是我们要知道，这个下降的前序是一段出生率的暴增，那些人正值 30 多岁的壮年，预计还要工作 20 年或更久。劳动人口的平均年龄在增长，但是总数也在增长，因为很多已婚女性想要重新走入职场。英国的劳动人口总数在 20 世纪 90 年代预计增长 100 万，美国同期将增长 1200 万。然而，我们却不再有大量的就业岗位。这个简单的事实将会带来巨大的变化。对于我们大多数人来说，我们的生活方式消失了。

从钻石到泥土

随着甜甜圈原则的传播，组织被重新设计和调整，组织内部也在发生变化。在过去，组织中几乎所有的空间都是预先确定的，大部分的工作都塞在规定好的核心中。那时候流行的是让组织尽可能地可预测。它们被设计得像是列车时刻表一样，希望人们所做的就是按下按钮，然后看着火车按照他们预先规划的路线前行。这样做就有了效率。太多的决策权下放会干扰事务，导致无法预测的连锁反应。没人想要火车司机为了有创意地改善运行时间，错过一两个车站。

这就是混沌理论或者新的科学复杂理论出现之前的日子。牛顿的经典科学观在务实的组织世界非常盛行。万事万物都有其因果规律和运行法则，世界也有其合理的秩序，所有的事情都应有序地规划并预测。人也是这井然有序的系统中的一部分，如果他们做了应该做的事情，那么一切都会好起来。然而，随着人们受教育的程度越来越高，人力成本也越来越高，再把人视为全自动的受控机器人是非常不合理的。那些受过高等教育的人不喜欢在工作中毫无自主空间。第一次，甜甜圈的内圈开始逐渐缩小，外圈开始变大。在二者之间，空间开始扩张。

英国日产汽车制造公司首席执行官伊恩·吉布森（Ian Gibson）告诉伦敦商学院毕业班的学生，他的第一专业是物理学。

> "我倾向于用科学家的方式来思考事物，这种情况类似于晶体和非晶体的结构性差异。比如，识别晶体结构最简单的方式是在钻石里，而最常见、最不起眼的非晶体材料是泥巴。典型的西方组织是晶体，轮廓清晰，每个面都有自己的形状，并且彼此之间有明确的连接点。我们的组织也有相似的特征：岗位和职责定义清晰，在组织的不同部门间有明确的边界，组织各部门彼此有已知和固定的关系。
>
> 相比之下，日本的组织更像泥巴。它们更模糊，职责和功能间的区分并不是条分缕析的，而是长期处于变动的状态。相

形之下，钻石是清晰、坚韧和精确的，而泥巴是模糊的，它会不断地改变形状和形态。然而，它也有一个压倒一切的好处——它很容易塑造和改变，能够灵活地响应外界压力和环境。作为组织，我们越来越需要有轻松快速变革的能力。这意味着我们要围绕人们的能力构建组织，而不是为了方便辨认角色而限制他们。"

对于组织来说，现在有机会把甜甜圈原则应用到它们大部分的工作中，设计出像泥巴一样灵活的甜甜圈架构，适配相互关联的双重圆圈体系，其中内圈的核心和外圈的界限都是严格明确和有控制的，但二者中间的空间是有待发展的。在一个松懈的组织中，如果不能管理好无可避免的矛盾，组织就有可能陷入混乱状态，个人和团体都为了自身利益抢地盘，并非为了组织的收益。中心必然会采取镇压行动，于是核心再度扩张，个人憎恶其自由决策空间被压缩，相互的憎恶吞噬了士气。只有大家对工作的目的和组织的目标都有清晰的共识时，大的甜甜圈才能实现最佳效果。

我们看到越来越多的组织把它们的工作分成项目组、任务组、小业务部门、业务集群和工作组，这些都是对甜甜圈很恰当的描述。随着组织需求的变化，这些小组的形态和成员也会发生变化。甜甜圈组织的特征是，个人可能会同时为多个小组工作，有多重的成员身份。各个小组会有其日常的运营职责，同时还担任咨询顾问的角色，并承担临时的项目委派。这都有助于让生活变得更令人兴奋，也更令人难以预测。比如，组织不再保证提供规划好的职业发展路线，而是提供"职业发展机会"。

广告公司大体上就是我们未来的工作模型。广告公司把人员分到不同的部门和项目组，两种类型的甜甜圈。各部门主要由不同的专业人才组成，如创意人员、策划人员或媒介采买人员等。这些人才从各部门抽调出来，又组成了一系列客户组，共同服务于特定客户或产品的需求。他们可以同时在几个不同的客户组工作，小组成员也随着客户需求灵活调整。这是个流动的矩阵式组织。咨询公司与之类似，医院的医疗组或者外科手术团队也是如此。从概念上讲，它们都是甜甜圈组织，其成员来自另外的专业人才甜甜圈。它们都有严格规定的核心，但是还有可以发挥主动性的、可改进的空间，通常还是个很大的空间。越优秀的人，发展空间就会越大。

旧的管理语言似乎不再适用。当然，在某些岗位上，这些词从来都不适用。专业组织、医生、建筑师、律师、科研工作者从来都不用"经理"这个词，在日常服务职能部门才会使用，比如办公室经理、餐饮经理等。这不是因为任性地自命不凡，而是一种本能的认知，即专业人才一直按照甜甜圈的工作原则工作。这是必要的，因为每项任务都略有不同，大家必须具有灵活性和自由裁量权。这也是可行的，因为专业的要求、规则和纪律意味着人们有理由确信，不管同事（注意这个词）在其甜甜圈的空间里做什么都是可以接受的。当每个人不仅知道目的，也了解标准时，甜甜圈原则的效果会很好。

工作组合的世界（The Portfolio[○] World）

对于约 40% 在组织外部工作的人们来说，在组织之外的事情似乎更加令人困惑。他们中的大部分人都不是心甘情愿地成为独立工作者的。这似

　　○　portfolio 原意是股票的投资组合，这里作者借用来形容未来很多人将成为独立工作者或者自由职业者，同时做几种工作或者服务几个不同的客户，进而提出了"组合式工作者"或"工作组合"的概念。——译者注

乎是通向未来之路，但很少有人愿意成为探路者。然而，一些趋势和想法开始出现。随着组织重组成极简形态，它们将重新开始购买产品而非时间，这相当于撕下了时间上的价格标签。现在，在极简组织中，它们不再雇用律师，而是付费购买律师的服务。专业人士和手艺人收取费用时既考虑时间的因素，也会考虑其工作质量、声望和可靠程度。拉斯金（Ruskin）曾起诉艺术家惠斯勒（Whistler），指控他对一幅肖像画收费过高。拉斯金声称，这幅肖像画是他匆忙完成的。法官问惠斯勒花了多长时间来画这幅肖像。"10分钟和一生的经历。"惠斯勒回答道。人们花钱购买的是产品的质量，而不是花费的时间。

越来越多的个人开始像专业人士一样，是收费的而不是赚工资的。他们发现自己变得"组合化"或者"多元化"。我所建议的"组合化"意思是把全职就业换成独立执业，组合就是为不同客户做不同工作的工作集合。"工作"这个词在这里意味着客户。我的妻子是一位肖像摄影师，她在任何一个时段都有很多"工作"在同时进行，就像我们的工长向我们解释为什么他这周没办法来修屋顶一样。我告诉我的孩子，当他们要毕业的时候，他们最好找顾客而不是找老板。如果他们能找到人愿意为他们的作品或服务付费，那么最终加入一个组织售卖自己的时间时，足以给老板留下深刻印象。他们一度自愿地"组合化"，做独立工作者。还有些人被组织抛弃后，被迫卷入这个行业。如果他们运气好的话，他们曾工作过的旧组织会是他们新工作组合的第一个客户。

其中重要的区别就是，现在价格标签贴在了他们的产出上，而不是他们的时间上。我读过一个让人羡慕故事。有个男人在伦敦的酒吧遇到了另一个男人，他们开始交谈。第二个男人来自中东，正在为他们地区重大而棘手的灌溉问题找寻解决方案。第一个男人刚好认识一位女士，她的公司有第二个男人所需要的解决方案，他为这次引荐收到了 500 万英镑的介绍费。就像惠斯勒一样，他不是用时间赚钱，而是用关键的知识。我们不可能都这么幸运，或者有这么好的关系网，但是从更小的维度讲，这个原则总是适用的：价格标签是贴在产出上而不是时间上。

反过来想也是一样。如果我写本书以全国平均工资的标准按小时计费，我的收入将达到数万英镑。可悲的是，预付版税没有考虑这一点，而是按照出版商预估的市场售价对我的产品定价。因此，我把自己的时间便宜地卖给了自己，希望这会是一笔值得的投资。我知道，这样很多作者都会挨饿。然而，现实情况就是，现在价格的关键要素是所应用的智力，而不是时间。

专业人士——所有类型的知识工作者都很明显是"工作组合"人生的潜在候选人。那些制造或修理东西的人也一样，传统的修理工和工匠通常是管道工、建筑工人、木匠、电工等；而现在新型的修理工，或者说解决问题的人，通常是代理商、经纪人、会议组织者、房屋中介、旅行社和旅行策划师。新型家政服务类企业通常都是一两个合伙人和一群不固定的特约工作者，如厨师、司机、园丁、健康专家、语言教师、儿童看护人、清洁工，甚至我听说，还有可以付钱帮你换灯泡的人。专业人士还包括新式和老式的手艺人，如陶工、织布工、面包师、画家、作家、计算机软件设计师和摄影师。

阅读任何城市、任何地方的黄页，你都能找到一个"工作组合"的世界。人们为他们的产出收费，而不是他们的时间。这并不是说他们不像员工一样工作那么长时间或者那么努力，因为他们大部分人工作时间更长、更努力。区别在于，如果他们愿意，他们有更多的自由按照不同方式分配自己的时间。现在，重要的是我们如何使用自己的时间，而不是我们使用了多少时间。当你能以这样的方式使用时间时，它就是一种自由。那些按小时收费的人只能通过工作更久来获得更多收入；那些按照产出收费的人，则可以通过更聪明地工作变得富有，而不是更长的时间。曾经只有某些活动能这样，现在几乎一切活动都可以如此。一个聪明的园丁会按照帮你把花园修剪好来报价，而不是按照花费的时间报价。如果你是明智的，你会接受这个报价逻辑，因为现在是他有责任有效地使用自己的时间，而不是你要去确保他们这样做。

科技使得越来越多的人能够"组合化"地独立执业。正如我们所看到的，组织正在抓住这些可能性，它们甚至在内部的运营中也采用了按照产出而不是时间付费的原则。他们像农场主或者企业主曾经讲的那样，对组织内部的业务单元、小组或个人说："在这个日期之前做完这件事，怎么做由你决定，只要保质保量地按时完成就行。"这是实践中的辅助性原则。这意味着，即使在组织内部，人们也拥有了更多分配时间的自由决策权。如果他们想将工作时间浓缩成几大块，理论上他们可以自由地这样做。

随着这种做法的普及，全职工作和兼职工作之间的主要区别将不在于时间，而在于权利和津贴。我毫不怀疑，我们将看到越来越多的法律和最佳实践在全职和兼职人员之间按比例地实现利益平等。这将在法律层面成为现实。因为兼职人员不再是工作场所的边缘人员，他们将会要求更多的社会公平。我们可以把《马斯特里赫特条约》（Maastricht Treaty）中的社会章节看作欧洲正在发生这种趋势的一个证据。无论如何，在那些有远见卓识的职场中，这一趋势必然会发生，因为它们希望与外围的劳动力绑定。继续忽视外围的兼职人员将导致忠诚度的缺乏，也将使企业面临危险。

社会学家和经济学家朱丽叶·肖尔（Juliet Schor）想让那些仍然在购买时间而非产出的组织详细说明它们购买了多少时间，并用时间补偿超额的时间。那么，每个人都会拿到一个年度小时数的合同或者它的某种变体版本。一些最有价值或者特殊的人才会按照每年 3000 小时或者每周 60 小时和两周假期签约，其他人是更传统的 2000 小时或更少。人们将有权要求在下一年减少工作时间作为本年度超额工作的补偿。显然，如果需要，这个总数和补偿还可以按照月或半年来计算。加班时长就用减少工作时长来补偿。

英国公共政策研究所的帕特里夏·休伊特将这一原则描述为"时间银行"。如果你在一年中的某个时段或几年内积累了时间积分，则可以稍后动用它们。实际上你可以通过把相当于每周一定小时数的钱存进养老金账户来做到这一点，这样根据现行立法，它就可以免税。当然，当账户中积累了足够多的钱时，你可以取出来，作为一段时间工资的替代品。挪威有一项提议，允许人们以相反的方式这样做，将未来的收入换成现在的时间，就像是一个贷款账户。如果我想请六个月的假来帮助我的家人，那么我在假期后偿还时，可以工作正常的小时数，但只拿 80% 的工资，直到偿还时间贷款。我倾向于找到一种方法用时间来支付时间，将钱排除在外。但我承认，这在实践中很困难。

女性的工作时间

时间银行的概念，无论以何种方式实施，都将有助于解决组织和众多女性日益严重的工作困境。随着组织极简化，它们压缩了核心部分，追求 $1/2 \times 2 \times 3$ 这个难以捉摸的公式。那些在核心工作的人拿着更高的工资，忍受着更辛苦的工作。每年工作 3000 小时或每周工作 60 小时都会成为常态。当买断了你的一年或更多时间时，组织是个贪婪的地方。对于这些工作岗位，组织需要高素质的人才，受过良好教育、技能熟练且适应能力强的人。它们还想要能同时多线程、多任务工作的人、更享受做成事而非执着于头衔和职位的人、更关注能力和影响力而非地位的人；它们想要既重视本能和直觉又善于分析和理性的人，既温柔又强硬、既专注又友善的人；它们想要能够处理这些必要矛盾的人。因此，它们想要尽可能多的女性。

它们想要她们，或者应该想要她们。因为女性不仅至少占我们社会中受过良好教育人群的一半，而且她们更可能具有如上所列举的品质。当然，男士也有这些品质，但无论是在家庭还是工作中，世代相传的男性规训都强调单一的目标、一个时段专注一件事、等级和正式权威，要求强硬而非温柔、理性而非感性。此外，世世代代的女性，无论是否有正式授权都不得不想办法促成事、办成事。她们必须管理家庭，解决无休无止的各种事务，依赖直觉和判断在没有充分信息的情况下做出决策。她们必须在严格立规矩的人和慈爱的妈妈两种角色间转换。绝不是所有的女性都能很好地完成这些事，但是只有很少的男性有过这样的实践。

因此，组织需要有才华的女性在其核心岗位，不仅是出于社会公平的原因（当然这也重要），更是因为许多女性所拥有的这种态度和特质是新型灵活扁平的组织所需要的。如果它们将女性拒之门外，它们也将自废未来。但现在的筛选机制恰恰让它们正在这样冒险行事。每周 60 小时的工作让人很难兼顾家庭，许多人根本不会尝试。1992 年，英国管理学院的一份调查发现，在高管样本中，86% 的已婚男性有孩子，但只有 49% 的已婚女性有孩子。

据说，每一位职业女性都需要一个"妻子"，尤其是如果她有个孩子的话。有些人很幸运，伴侣愿意做家庭主夫和全职爸爸，其他人就只能委托给保姆、家政服务人员和托儿所。许多非常能干的女性不想也不能这么做。

对于她们来说，现在"工作组合"及其不断拓展的可能性，让她们能更自由灵活地兼顾工作和家庭。然而，她们通常还是倾向于以某种方式留在核心，或者至少等孩子长大时还有机会回去。组织也不愿轻易失去她们。时间银行以及组织为适应流程而非职能进行的重组，创造了这些女性所需的灵活性。她们有机会用自己的方式交付工作，而不需要遵守严格的上下班时间表，再加上时间银行和调整大块时间的权利，她们在学校放假等时段就可以大部分时间不在办公室。这将让更多女性能够在孩子还小的时候，在核心保有一个岗位。

还有些事情也会有所助益。组织可以重新调整时间安排，把所有常规会议都安排在每周固定的日子，比如周四和周五。这将允许人们每周有部分时间不在组织里，却不错过任何会议，毕竟会议仍然是组织生活的基础。总有一天，我们不得不学习如何在不开会的情况下管理我们分散的组织，但是在那遥远的一天到来之前，我们至少应该努力不让任何不在场的朋友被边缘化。当然，我们可以通过电话和电子方式联系，但是那些每周工作四天的朋友总是说："太奇怪了，真正重要的会议似乎总是在我不在的那天开！"现在只有在真正紧急的情况下，组织才会在周日开会。既然大家能接受工作时间要排除周日这个原则，那么现在只是需要进一步扩展这个原则。

如我们所知，组织正在把部分办公室改成工作俱乐部。外勤工作人员可以在任何时间自由地使用俱乐部办公室，拥有自己的"移动组合办公桌推车"或"公用办公桌"，只要把它们拉出来，插上电，输入密码，就可以即刻连接到所有办公系统，并拥有一个即时的分机号码。IBM和其他热衷于电子化的组织已经这样做了，那些办公室空间紧张且大部分人大多数时间都在外面工作的小型电视制作公司也是如此。

这些"俱乐部"的日常会议一般安排在"会议日"，在其他时间，如果不通过电话、传真、电子邮件或者语音邮件问他们，就无法知道大家在哪里或者在做什么。当这种情况发生或将发生在大多数高管身上时，考虑员工是全职还是兼职就不再有任何意义了。员工将根据他们的工作类型和工作量获取报酬——一种内部的收费模式。与以往相比，员工的时间更加依赖于自我管理。无论他们是无所事事还是孜孜不倦，工资都是按照最后的产出支付，而不是时间。他们将能更创新、更灵活地分配时间。

反思工作时间不能消灭现实的困难，但会使困难更容易管理。个人为了换取更多的独立性，要承担更多的责任。公平起见，组织将不能那么贪婪地对待它们"包年买断"的员工，也不能再那么吝啬地对待按小时雇用的员工。毫无疑问，它们还需要更多法律鼓励才能做到后者，因为雇主都喜欢廉价的劳动力。所有证据都表明，在知识经济时代，更优秀但更贵的员工会比便宜但糟糕的员工带来更多附加值，只要你让他们有机会创造更多的价值。

THE EMPTY RAINCOAT
Making Sense of the Future

第十一章
拼接的人生

　　"像明天就会死掉一样地去生活，但要像永远活着一样做计划。"这是一句有用的格言，因为观念随着年龄而改变。我们对未来的展望，常基于对过去的回顾。我曾经贿赂我的孩子们，只要他们今天下午保持安静，下周末我就请他们吃好吃的。但结果让我很沮丧，他们根本无法把这两件事联系起来。慢慢地我意识到，一周的时间在一个小孩子的人生中可能相当于他们全部记忆的20%。这就像要求一位60岁的老人在决定今天做什么时，要考虑到15年后的某件事。年轻人奉行活在当下，这是他们快乐的一部分，也是他们问题的一部分。因为在这个复杂的世界，在任何一个单点上找到我们想要的平衡似乎都变得越来越难。实际上，我们大可不必如此强求。我们现在可以灵活安排四种传统的工作阶段和四种不同类型的工作。如果我们愿意，我们可以将它们进行各种组合，按照我们想要的方式融合，拼接成我们的生活。

新的灵活度

有人将生活分为四个阶段：学生期、家庭期、退休期和遁世期。最后的阶段意味着，对万事万物无爱也无恨。这些阶段丝毫没有提及工作或就业。莎士比亚在他划分的七个阶段中，又增加了婴儿期、爱人期和战士期三个阶段。美国作家盖尔·希伊（Gail Sheehy）在 20 世纪 70 年代写了她的畅销书《人生历程》（*Passages*），按照 10 年为界将人生分为四个阶段：探索尝试的 20 岁、拼搏追赶的 30 岁、孤立无援的 40 岁和重获新生（或顺其自然）的 50 岁。真是个听着就不幸福的清单和短暂的一生！达尼尔·莱文森（Daniel Levinson）在同时期写了《人生四季》，也同样推崇人生分四个阶段的想法，但是他使用了更加乏味的标题，并且也停止在了 50 岁。而且很遗憾的是，那时已经是 20 世纪 70 年代了，他采访的却只有男人。希伊给她的书起了个副标题"成年人生活可预测的危机"（The Predictable Crises of Adult Life），并预言即便斗转星移，人生的细节各有不同，但人生的阶段总是如此。

然而，上个月，我很偶然地遇到了一些人，他们提醒我，我们拥有比我们原以为的更多的自由去改变人生顺序。

黎贝卡是个律师。她一直决心要在 40 岁前组建家庭，现在刚刚怀了第一个孩子四个月。她发现自己很难离开紧张刺激的工作，但是她已经决定成为全职妈妈，并对此充满期待。她的丈夫罗伯特对孩子的事情不太确定，不能肯定孩子会给现有的舒适生活带来什么变化。但是，他并不打算改变自己的生活模式。他是个国际银行家，一半的时间都在世界各地飞。"我们走着看吧。"黎贝卡说。

另一位熟人约书亚则不同。为了抚养儿子，他在 37 岁时"退休"了。

他现在已经与妻子分居并离婚了，住在英国西部乡村的一个农场小屋里，靠出租他曾经在伦敦的公寓过活。"这比所有那些会议要充实得多。我真的很享受当父亲的感觉，我怀疑我现在比以前更好了。我已经开始从事金属加工工作，一旦哈利长大到可以上学，我就会把它作为一项事业。"

当金勋爵（Lord King）离任英国航空公司董事长，成为公司的兼职董事会主席时，75岁的他咆哮着说："谁说我要退休了？"他每周会去公司2～3天，但是他需要新的空间，有时间去做些其他的事。

工作的变体

我们可以把自己的逸事添加到这个列表中。它们证明了我们人生选择的灵活性——在40岁第一次当妈妈，在75岁或39岁退休，成为全职父母或不这么做。然而，事实上，这些人所做的都是用不同方式定义工作。工作是指有用的活动，它有四种变体。其中有有偿工作，它是赚工资的还是收费的取决于你出售的是时间还是产出，但也有我们免费为社区、慈善、运动俱乐部或政治团体做的礼物型工作。

另外还有家庭型工作，这不是学校留的家庭作业，而是维持家庭、照顾孩子或老人等家人。英国法通保险公司会定期评估更换配偶的成本，从保险角度来说，这是在更换家庭经理。1993年，这项成本是1.8万英镑，远高于英国当年的平均收入。正如女性一直所熟知的，这是真正的工作。第四种是学习型工作。在知识经济时代，获取和发展智力这一新型财产是一项必不可少的投资，这也是项艰难的工作。它不应该被当作一种休闲活动，也不应该被认为是生命早期一个乏味的必需品，在长大后就没必要了。

这些额外的工作类别是非常重要的。比如，如果礼物型工作和学习型工作能在英国"正式"被接受为"工作"，我们就不会出台规则阻止未就业人士全职学习或者每周为慈善工作 16 小时。因为理论上，那样他们就不是"待业"，而是正在工作。平衡的生活是各种类型工作的混合体。一个完整的组合是在大部分阶段每种工作都有一点。随着我们人生阶段的推进，组合的比例不断变化。我们比自己想象的更有自由去调整组合比例。

我会满足于生活中有三个活跃的阶段，再加上一个我们无法回避的、真正准备迎接死亡的阶段。然而，学生、家庭和退休的这种描述并不符合我们所生活的世界。我们现在的生命很长，拥有更多的可能性。女性可以安全地生孩子到 50 多岁。做父亲就更容易了，他们 60 岁也可以开始一个新的家庭。我们在 70 岁时可能和我们的父母 50 岁时一样健康和健壮。因此，"退休"如果意味着真正从各类型的活跃工作中退出，那么它可以是个灵活的事件。家庭事务（和家务活）仍然需要完成，但是不需要作为任何人整个中年阶段的描述。现在，80% 以上的女性在从事有偿工作，即便她们仍然是家务活的主力，承担了几乎所有照顾家人的事务，即家庭工作。

人生的四个阶段

1. 第一个阶段，生活和工作的准备期，包含了学校教育、继续教育和职业资格教育、实习工作经验，以及"外面那么大，我想去看看"的机会。法语有个词叫"形成"（formation），正是在描述这个阶段。这是个"形成"自己的阶段，远比正式的教育包含的多得多。

2. 第二个阶段，努力拼搏的阶段，不管是为了有偿工作，还是为了为人父母或其他形式的家庭工作。

3. 第三个阶段，开启第二种生活的阶段。可以是第二阶段的延续，但也可能会是更有趣的其他事情。什么都不做不再是一种现实的选择。

4.第四个阶段，一个依附赡养的阶段。

每个阶段都是 25 年左右，尽管我怀疑，我们可能会看到很多人的第三个阶段延长到 30 年或更久。这个阶段只有在第四个阶段开始时，也就是我们开始步入死亡的门厅时才会结束。当然，我们把第四个阶段推迟得越久越好。

人生的前两个阶段

每个阶段的成功非常依赖前一阶段的情况。第一个阶段的成功会提高第二个阶段成功的可能性，进而又有助于增加第三个阶段的选择。因此，如果我们要利用三个阶段的各种机会达成人生的累积成功，至关重要的是将人生视作一个整体。我们必须铭记，如果我们的第一个阶段在交通事故等危险中幸存下来，大多数人将会活到 70 岁甚至 80 岁。然而，最困难的事是，超越我们自身经验去设想 50 岁以后的美好生活。

社会中的老年人需要让年轻人看到生活是一个整体，以便尽可能地防止他们太早抵押自己的未来。莱文森为他的书采访了 40 位男性，他们认为人生在 28 岁左右就变得很严肃，因为在此前还有四五年的新手期或者学徒期。我们现在可能在更年轻的年纪就已实现生理上的成熟了，但是我怀疑许多人并不想那么早就开始严肃的生活。

原因是，我们需要接受当今社会的第一个阶段要延续 25 年。对于专业阶层和那些"符号分析师"（symbolic analysts）来说，也就是那些仅占人口 20% 却获得社会 60% 收入的技术熟练的知识工作者，他们的第一个阶段已经是这个长度了。他们拿到学士学位，再拿专业资格证和 / 或者经历一段实习期。在德国，这个过程会持续到 27 岁，如果是博士的话，要到 31 岁。如果我们要扩展财富的新基础，也就是知识和智力，那么每个人都需要延长"形成"阶段。对于某些人来说，缩短这个阶段就意味着限制了新型财富的积累。

我常常想，我们这些符号分析师非常奇怪，一方面，为那些 18 岁还不认真找工作的"无业游民"哀叹；另一方面，如果自己的孩子想要在那个年纪就投入严肃的工作，我们又会很担心。我们会大喊："那可是你的学位啊！难道你不想在稳定下来之前多看看这个世界吗？"如果我们想要看到更多潜在的智力财富被创造出来，我们首先应该一视同仁，并找寻更多方式来填满第一个阶段的准备期，使其对所有人都有用。对于社会来说，尽早把钱花在所有阶层的年轻人身上将是一项更好的投资。那样，他们可能就能在第二个和第三个阶段更好地自力更生。事实上，如果我们在第一个阶段很吝啬，结果就是在随后更漫长、更昂贵的阶段，花费更多来为他们中的许多人提供支持。

第二个阶段是努力拼搏的阶段。对于许多人来说，就意味着一份有偿工作；对于有些人来说，是为人父母；对于更多的人来说，是以上两种工作的混合。在这个阶段，重新思考时间变得至关重要。追随他人、陷入主流的时间樊笼是很容易的，无论是当老板、上学还是做父母都是如此。随着"压缩职业"的到来，许多人的第二个阶段也在急剧缩短，这让人更加感到局促压抑。

正如我们所看到的，普通员工不能再期望持续工作 45 年或 50 年。对于在核心岗位的那些人，如果他们足够幸运并且还抗得住这个节奏，10 万个小时可能会压缩到 30 年。很多人不想这样，有些人无力胜任，还有些人会精疲力尽。即便组织创造性地重新思考时间，让人们对时间有更好的控制力，一些人仍然要为公司忍受蜡烛两头烧的困境，因为绩效压力会很大。一位女性高管表示："如果我不打算投入我全部时间的话，我没办法做这份工作。"

对于我们大多数人来说，第二个阶段都是顾此失彼的失衡期。有些人要负担过多的家庭工作，有些人要投入太多时间给有偿工作。在这一阶段，礼物型工作或学习型工作很少，某类工作的时间太多或太少。很多话说起来容易：我们要退后一步，看看我们的生活，尝试重新平衡我们的时间和工作。但这做起来很难。我们都身处樊笼，只不过有些人的樊笼是工作，有些人的是家庭，生计让我们所有人都成为囚徒。如果我们有这种感觉，我们必须记住，这不是无期徒刑。

第三个阶段

在近代，人生第三个阶段逐渐出现，这将会成为大部分人人生中最长的阶段，但矛盾的是，这可能也是大家最缺乏准备的阶段。因为在我们之前的世世代代都没有发生过这种情况，我们也没有预料到这一点，尽管如"时代的矛盾"那个章节所谈到的，我们知道每一代人都有不同的生命历程。

第三个阶段不是退休的同义词。首先，它开始得太早了，还远不到退休的时候。有些人会延长自己的第二阶段到六十几岁，还有像金勋爵那样的人会延长此阶段到七十几岁。他们算是例外。一些女性会发现所谓的空巢从来不会空，因为当孩子搬出去时，年迈的父母会搬进来。大部分人会发现，随着压缩职业生涯这一新趋势的出现，他们第二个阶段的主业在其五十多岁时，甚至更早的时候就结束了。没人能知道，证券交易室里那些二十几岁就迈向人生巅峰的男孩女孩们后续的人生际遇会是如何。游泳运动员在 20 岁时就已经过了最佳状态；网球运动员，哪怕是吉米·康纳斯（Jimmy Connors）也要面临 35 岁后巅峰不再。士兵年过 40 就不再适合冲锋陷阵，创意总监常常在中年时面临创意衰退，而记者基本在四十多岁时会转岗做专栏作者或者离职。这些都并非年龄歧视，他们也不该感到绝望。第三个阶段无论从什么时候开始，都是个改变工作组合的机会，而非全面停工。比如，一些女性在伴侣主动或被迫减少有偿工作时，会想要增加自己在职场的投入比重。

在第三个阶段，几乎每个人都要从事一些有偿工作。生计需求会让我们每个人最后都接受工作组合化。面对长达 25 年或更久的第三阶段，无论社会、组织还是个人都没有准备好足够的支持。在某种程度上，我们的先辈们也有第三阶段，但是会短得多，至少对于男性来说如此。保险行业研究基金日内瓦协会（Geneva Association）提出了第三个阶段财务充裕的四个必要支柱，分别是国家养老金、个人或职业养老金、个人储蓄或继承的财产以及有偿工作。世界各国社保养老金都会越来越少并推迟领取养老金的年龄。在英国，如果养老金系统持续与物价而非收入挂钩的话，预计 2030 年养老金会下降到平均工资的 8%。在英国，还有 31% 在 1991 年退休的男性将失去获得全额养老金的资格，因为他们没有在 44 年内定期缴纳养老金。未来将很少有人能符合这个要求。

我们常认为，人们在职业生涯中缴纳养老金，然后这些养老金会为我们储蓄到我们需要它们的时候。实际上，无论是在英国还是其他地方，这种说法可能存在问题。我们缴纳的养老金就是另一种税收，进入一般资金池。在你思考这个问题时，这种做法是合理的。因为养老金的实质是下一代人承诺为我们养老，即代际契约。当我们六个人工作供养一个老人，他们的寿命没有很长或者生病的费用没有太高，而且我们明显比他们过得好时，这是公平的。但这些条件将不再适用。到 2020 年，大多数国家平均只有三个人工作供养一个 65 岁以上的老人，每个在第三个阶段的人都只有两个在第二阶段的人来供养。下一代的人不可能同意为了老年人一直保持舒适的生活支付巨额税款。

没人注意到，一系列的研究确认，北美、欧洲和澳大利亚的老年人的平均收入、花销和储蓄在历史上首次超过了二三十岁的人，而后者还要负担抚养孩子的责任。尽管年轻女性就业人数不断攀升，尽管劳动力提早退休，尽管孩子数量不断减少，但我们还是得到了这个结果，并且这个差距将会越来越大。新的第三个阶段的人不是富裕的老一辈人，老一辈人中的许多人都带着大量来自第二个阶段的资产。在新西兰，信号已经非常明确。中产、单一收入的二胎家庭实际购买力在过去 20 年下降了 20%，而老一辈人在过去 20 年经历的是 100% 的增加。

基于这些统计数字，毫无疑问，代际契约将需要逐渐地重新商榷。退休年龄将会上提，意大利、美国可能还有英国（仅针对女性）已经采取了这样的措施。类似措施还会进一步增加。社会会把资金汇聚到高龄老人身上，而不是刚刚步入老年期的老人。那些在第三个阶段的人越来越需要为自己预先做好准备。因此，除非他们曾经在第二个阶段有大量的存款或者个人养老金，否则，作为第四个支柱的有偿工作将会成为财务上的必需。那些在第二个阶段的人需要着重注意这一点。

我们不应该觉得有偿工作的前景太令人气馁。大多数人在第三阶段都希望至少每周有偿工作半周，职场的新灵活度将会提供这种可能性。对于专业技能型工作，如果你是自雇人士且不在组织里工作，年龄是一个无关紧要的问题。你需要知道你的律师或者电工多大年纪吗？只要他们能满足你的需要就好了。对于半熟练技能型工作，年龄有时候是个积极的优势。

超市定期报告称，兼职的年长员工，相较于同等薪酬的年轻人更可靠，他们不会惹麻烦或野心勃勃，并且对顾客更加友好。

然而，第三个阶段是人们尝试四类工作不同组合方式的最佳实验机会。无论哪种组合思路都可以。有些人，特别是女性，如果在第二个阶段很大程度上受限于家庭型工作，可能会希望有机会增加有偿工作在组合中的比例。这可能意味着她们需要拓展她们已有的组合，因为她们会发现，在这个其他人都退休的年纪，很难加入组织的核心部门。此外，随着 20 世纪 60 年代婴儿潮一代逐渐回归生活，组织将更重视人才而非年龄。只要新员工的智识能力足够与时俱进，且与岗位适配度高，年龄跟新的智识能力相比，并不重要。再次强调的是，人们在第三个阶段非常依赖第二个阶段的储备。

我的一位出版商朋友罗宾·沃特菲尔德（Robin Waterfield）给我讲过一个故事，我非常喜欢。故事讲的是一位成功的专业牧师杰拉德·格鲁特（Gerard Groote），他生活在欧洲 14 世纪的动荡年代。他发起了一场名为"共同生活的兄弟姐妹"（the Brothers and Sisters of the Common Life）的运动，强烈反对当时的等级制教会。他改变了自己原本舒适的生活状态，并在历史上留下了自己的印记。然而，令我感兴趣的恰恰是他做出这一决定的方式。一天，一个陌生人突然走向他，说："为什么你站在这，专注于虚无的事情？你应该成为另一个人。"我想第三个阶段就是我们成为另一个人的机会。然而，不是每个人都有这个机会。拥有四个财务支柱的第三个阶段是非常舒适的。如果只有社保养老金这一个日渐稀薄的支柱，那"重获新生"的空间将是非常有限的。在其他章节中，我将论证，社会正义要求我们让人们更容易地获得这种选择。

对于我们大多数人来说，生命是漫长的，人生的每个阶段都要做很多艰难的选择。尤其是第二个阶段，我们非常容易在繁忙或空虚中迷失自我。

我曾见过很多四处匆忙奔走的空雨衣，也见过很多蜷缩在角落里的孤独的人。如果利用得合理，第一个阶段的"形成期"将会是在令人消耗的繁忙前，构建身份认知的阶段。如果平衡得当，第二个阶段是一个人做出主要贡献的阶段，无论是在工作、家庭还是社区方面。第三个阶段是一个机会，如果我们愿意，就有机会成为不同的人。当然，我们也可以继续做曾经做过的事，只是将节奏放缓。虽然未经证实，但据说在死亡来临前，我们大多数人都只发掘了自己能力的 1/4，也只实现了自己能力的 1/4。如果这是真的，那么正是第三个阶段，让我们去找寻失去的 3/4。

因为处于第三个阶段的人数如此多，占大部分国家人口总数的 1/3，也因为他们比后一辈人的消费和储蓄都更多，还因为他们具有其在第二个阶段全部的专业才能和关系网，第三个阶段的成员将对我们的社会产生巨大的影响力，他们的价值观、金钱和投票都非常重要。这不是一个同类的群体，不会被组织起来，但是，如果他们的消费是用在时间上而非产品上，比如将时间用于旅行、学习、吃饭和观看，那么他们将会改变其他人的工作模式。这会更像一个服务型和知识型社会。如果他们证明，在这个人生阶段更重视事物变好而非变大，这也会影响我们的优先级。环境会得到更实际的关注和更多的资金；城镇规划可能对行人更友好，而非以机动车或店铺为中心；共识可能会比对抗更受青睐。此外，基于他们的影响力和选票，第三个阶段的人可能会拒绝变革，富人和穷人各自抱团，让世界自生自灭。

第四个阶段

第四个阶段提出了在我们生命里关于平衡问题最大的挑战。这个问题才开始被探索：该由谁决定、如何决定一个生命什么时候不值得存活了？有人会担心，我们总是会做出错误的平衡，但是什么都不做也是错误的平衡。

更紧迫的问题是临终前的医疗费用，有时候是生命最后几年的医疗费用。平均而言，我们生命最后一年所花的医疗费用要比此前所有时间的医疗费用总和都多。这样的平衡是否明智？如果公共资金是这样使用的，那就是以牺牲后辈的医疗护理为代价。我们很难权衡或妥协，但是，再次强调，没有决策也是一种决策。我猜，如果不能就生命和死亡的意义和目的达成明确的共识，我们就不可能达成这种妥协。

不同的拼接方式

大多数人会按照预期的顺序经历各个阶段。如果可能的话，他们会利用第三个阶段填补生活中在前两个阶段未触及的部分，并尽可能地推迟第四个阶段的到来。然而，情况可能会有所不同。许多女性希望有机会在第二个阶段有一份有偿工作，并在四十多岁时开启一份认真的事业。而那个时候大多数男人将步入他们的第三个阶段。由于工作时间变得更加灵活，这种情况发生的可能性也越来越大。还有人想要无限期地推迟第二个阶段。他们被第三个阶段的可能性所吸引，希望在完成学业后就跳过第二个阶段，直接进入第三个阶段。如果他们不期望社会像以前那样提前支付养老金，但能够靠第四个支柱养活自己，那么他们没有理由不这样做。不是所有人都必须在中年时成为成功的野心家。

生活中的冲突和矛盾是无法消除的。我们很少能从生活中同时得到我们想要的一切，也没有任何一个阶段能对我们予取予求。解决方案可能是一份契约，在梦想与现实之间做出权衡。但它也可能是第三方视角，在生活的不同阶段有不同的收获和付出。

我生命中最感动的一个瞬间是，在英国开放大学（Britain's Open University）观看一场学位授予仪式。它在一个大教堂中举行，我认为那是个非常合适的地方，因为每个毕业生都在那里依靠自己的努力获得了某种程度的自我重建。让我感动的是毕业班的学生无比地多元化。那里有奶奶们，还有曾祖父们，他们带着学士帽、穿着学士服、手里拿着学位证，他们的后代在为他们拍照，而不是我们常见的那种相反的情况。那里有坐在轮椅中的人，还有带着导盲犬的人。在那里，年龄不是障碍，阶层、信仰、肤色、曾经的成功也不是障碍，因为它是一所真正的"开放"大学。对于我来说，那一天完美地证明了生活的无限可能。第一个阶段的形成和学习可以在任何年龄重新来过。

人生阶段的转换也是一种第二曲线。每一次向上的攀升，都始于一个身处低谷的起点。我自己转行过三次：从石油公司高管到学者，从终身教授到依靠一份牧师的薪水生活，最后，或许还不是最后，成为一个独立作者。每一次，我的财务状况都会有个陡降；每一次，我都要在未知的领域从新人做起，重新赢得信任。然而，每一次重新开始，难度都会随着时间的推移慢慢降低，一个全新的生活再次开启。还有人更加勇敢，他们舍弃办公室的生活去环球旅行；中年开始务农，中途转换家庭角色；从牧师转行到广告主管，从护士到创业做软件咨询，或者从首席执行官变成全职艺术家。

在第二曲线中，生活充满各种可能性。在探索找寻的过程中，我们需要某种核心来稳定个人的甜甜圈，它可能是一些基本的资金，但它会比我们想象的少很多。我们还要与周围的人达成契约，这通常能够让每一个涉及的人都以不同的方式参与进来。生活的前三个阶段可以以任意的顺序进行，新的世界让我们可以不走寻常路。

正义的国家

上一章所预见的个人化工作生涯，将让某些人的空雨衣变得充实，但是也会让很多人的雨衣更加空虚，他们甚至连一份普通且枯燥的工作都要失去，缺乏作为独立个体的生存的工具和技能。我们不得不解决公平的矛盾，尤其是智力的矛盾。如果我们不这样做，那么大厦倾颓就近在咫尺。大部分人穷困潦倒而极少数人富甲一方，这样的贫富分化最终是无法容忍的。无论如何，在智力成为财产的时代，不想完全实现财产民主是极其疯狂和不道德的。因为智力的民主有一个令人愉快的矛盾，就是一些人拥有更多的智力，但并不意味着其他人的智力就会变少。

这几章并不打算论述正义的天性。然而，正义是社会的纽带。正义让我们团结地聚居在一起，在个人权利和义务之间构建了有益的妥协，让我们有能力爱自己、也爱身边的人。如果我们想要避免一个纷争的社会，我们应该在这片土地上竭尽全力地创造一个正义的国家。

简单来说，正义就意味着公平。公平则意味着，社会不能肆意武断地对待其人民，而要遵循"正当程序"——这是法律层面的正义，这里不需要关注。公平并不意味着每个人都应该得到同样的待遇，因为不是每个人都需要或者值得有同样的待遇。在实践中，严格的平等在一定程度上是行不通的。正如亚伯拉罕·林肯所说，你不能通过让富人变穷来实现让穷人变富。公平可能意味着，我们给予最聪明的年轻人最好的教育，因为他们会充分地利用它；也可能意味着，我们给予天资最匮乏的人最好的教育，因为他们最需要它。公平永远是个复杂的问题。

当我们从崇高的原则落地到困难的决策层面时，公平总是意味着妥协和两种"应该"的融合。以教育领域为例，公平意味着在实际可行的情况下每个人都有同样的机会与众不同。教育的天平不应该从一开始就向某些人倾斜。即使有些人起步缓慢，我们也应该给他更多机会重新开始。此外，我们还应该鼓励和帮助那些能够在起点就快人一步的人。没人会因为流氓更需要教育，从而愿意削减医生的教育，去创造更多少管所。正义永远在个人需求和更大的社区需求之间寻求平衡。

就本书所讨论的问题而言，正义意味着让每个人都有体面的机会发展第二曲线。在英国，社会正义委员会（The Commission for Social Justice）在其1993年的第一份报告中这样说道："我们不得不将机会的扩展视为一项激进的信念，这正是社会正义的核心。"在民主社会中，财富源自财产，而正义意味着给予每个人获得财产的机会。这一点在21世纪就意味着某种形式的智力。因此，正义需要对智力进行投资，对人们的终身教育进行投资。而且我们也要接受有些人会更充分地利用这些投资。第十二章会探讨这可能意味着什么——智力的不同类型，教育可能采取的形式，以及人们随着生活的推进，培养技能和天赋可能需要的帮助。在一个正义的国家，每个人都有获得一定财产的权利，但是如何使用它，取决于他们个人。在生活中，每个人都要为自己的甜甜圈负责。

公平也意味着人生中应该有更多的机会赢而不是输。解决这个问题的第三方视角是，提出更多成功的衡量标准。如果只有一个标准，那就总会有人赢有人输，而且通常是输家多过赢家。在一个赢家多于输家、知足常乐的社会里，我们需要有多种标尺，有各种不同的方式让自己感到满意，获得成就感。社会也因此有更多贡献者而非索取者，生活也将更加丰富多样。

第十三章会探讨金钱作为衡量一切的标尺，可以有哪些替代方案，还提出了一个新的计分卡。可度量的才是重要的。因此，只是说好生活比珠宝重要，或者环境对我们所有人都很重要，是远远不够的。我们必须想办法衡量这些美好的事物，否则它们只会维持原样。

更多的衡量标准将意味着，我们要在个人生活、企业乃至整个社会不同维度的数字间有更多妥协。甜甜圈原则为这些妥协提供了路径。甜甜圈的核心是我们生活的必要事物，而其他的事情恰恰是形成差异的关键。然而，没有万能的答案。正义要求我们尽力消除最严重的不平等，但并不是要求所有人必须一样。事实上，千人一面剥夺了我们在限度内与众不同的权利，那才是真的非正义。

第十二章
投资智力

当智力成为财产

在一个声称要对所有公民公平的财产所有的民主制（property-owning democracy）社会中，每个人都应拥有财产和财富。当财产意味着土地时，社会和政治革命会重新分配土地，最近的一次就发生在前殖民地的非洲。当财产意味着股份、股票和企业所有权时，政府不辞辛苦地鼓励更多公民养成持股的习惯。政府还试图说服大家，国有化是让所有公民拥有国家财产的一种方式。

现在，智力代替土地成为财富的源泉。1983 年，一份关于美国教育的报告《危机中的国家》（*A Nation at Risk*）开头有句话，非常值得我们认真关注："所有人，无论其是何种族、阶层、经济地位，都有权利获得公平的机会和最大限度发展他们个人思想和精神力量的工具。"如果我们不广泛普及这种新型财产，不投资于全体公民的智力水平，我们将会面临一个不公平的社会。

美国前劳工部部长罗伯特·赖克（Robert Reich）将现代美国的劳动力分为三类：第一类是日常运营者，比如打包航空餐、操作收音机以及把数据存储到光盘上的工作者，他们占劳动力总数的1/4，并在逐渐减少，因为这部分工作已实现自动化或转移到劳动力成本更低廉的地区；第二类是个人服务提供者，比如餐厅服务员、医院护工和保安等，大概占劳动力总数的30%，并且还在增长；第三类是赖克所称的"符号分析师"，这些人与数字和思想、问题和文字打交道，他们是记者、金融分析师、顾问、建筑师、律师、医生、经理人等，他们的智力是其权力和影响力的源泉，他们现在大约占劳动力总数的20%。农民、矿工和政府职员组成了剩余的25%。符号分析师、知识工作者、专业人士和经理人是信息时代真正的受益者，因为他们拥有新型财产。

在现行政策下，"幸运的1/5"几乎每分钟都在变得更富有，而其他人则变得更贫困。赖克估计，在1989年，最富有的1/5的税后收入比其他4/5的总收入还高。在过去，富人支持穷人是有既得利益的——基于最终分析结果，穷人既是富人的消费者也是邻居。但如今，富人，比如符号分析师，在全球范围内相互交易或做企业端的生意。他们不会去市中心，不乘坐公共交通，也不会送孩子去公立学校。那么，他们会说，我为什么应该支付更多费用来支持这些东西？他们在此毫无收益，甚至连间接收益都没有。

在美国和欧洲，传统的做法是私营部门为公共部门买单，帮助私营部门变得富有，其他部门也将受益。利己主义的动机看似非常合理。当财产是老式的土地、砖块和机器时，这是正确的。财富确实会从上层逐渐流向下层。这类财产越多，就需要越多的人来工作。智力作为财产，改变了受益的顺序，因果链条颠倒了：富裕的私营部门不再会让公共部门变得更富有，它正相反。如果不投资公共部门、住房、电信、交通以及最重要的教育，那些符号分析师的人数将不能显著增长，有用的智力储备将被限制在既定的 1/5 人口里，其余的人将会逐渐与新的财产世界隔离开来，越来越贫困，并在实际上被剥夺了公民权。

智力的本质

如果智力是财产和财富的新基础，那很奇怪的是，我们似乎并不迫切地为自己获取更多。在英国，大概 30% 的年轻人在 16 岁就会离开全日制学校，没有取得任何资格证，通常也没有获得任何学科的教育证书。相比之下，我们知道，在德国、日本、荷兰、法国和美国，90% 的人会在学校或者正式的培训中待到至少 18 岁。然而，在美国，这似乎并没有给他们带来太多好处。国会教育委员会发现，能写出新闻专栏主要观点的年轻人不到 40%。只有 25% 的年轻人能够使用公交车时刻表，知道如何在特定的时间从一个地点到达另一个地点。只有 10% 的年轻人能够基于单位价格信息，从日杂商品列表中选择出最便宜的产品。很显然，有些地方出了问题。要么年轻人目光短浅又愚蠢，要么他们可能是对的——他们不认为自己在学校学到了他们应该学的，至少在英国或美国是这样。他们可能本能地感觉到，这不是值得投资的那种智力。

另一方面，我们来看一下东京大学入学试卷上的一个试题：

已知一个底面为正方形的正棱锥 V，底面边长为 a。有一个球体，其中心在正棱锥的底面，与锥体各个面正切。求以下两个量：①正棱锥的高；②球体与锥体交集的体积。

我们有多少学生申请在大学学数学？有人想知道，他们很愿意在入学考试中做这样的题吗？问题是这不是数学入学考试的试题，这是个人文学的学生的卷子。而且当这些娴熟的学生开始工作时，他们不得不再从头开始学习。日本企业把大学视作招聘池，而不是教育机构。就像牛津大学曾被戏称只留个招生办公室和就业办公室就够了，中间的部分无关紧要。

日本人也在担忧，他们的教育体系不再有能力帮助人们适应这个复杂多变的世界。其他的国家也很困惑，不知如何能更好地交付这类新型财富。智力可能是财富、权力和自由的源泉，但是它也非常不便利，真正的智力不是个实体物品，不能像商品一样被提前打包、分拣、交付。当然，教育的某些元素可以这样，如果把教育视为信息，那它确实可以按照打包、传播、存储和检索这样处理。我们还可以进行大规模生产，以消费者友好的方式制作，进行多媒体传播并且测试其接受度。人们很容易认为，用这样的方式完成智力传播，工作就已经完成了。但是，知道不等于做到。

我一直很欣赏教育家、心理学家霍华德·加德纳（Howard Gardner）在他的著作《智能的结构》中所描述的多元智力理念。在书中，他列举了七种智力及其测量方式。他通过观察脑损伤患者总结出自己的理论。有些人的智力水平很正常，但是无法回忆起自己的经历，也不能识别人脸，哪怕是自己的脸。有些人除了不能数数，其他一切正常。这里有个重要的结论，即各项智力能力彼此间并没有必然的关联。你可能会在某个方面非常聪明，在另一方面很笨拙。你可能在五个方面都非常出色，也可能只在两个方面很擅长。我自己也列了一个清单，包含九种不同的智力能力。

事实智力能力：这类能力是指博览百科全书，赢得英国"最强大脑"比赛的那类人。他们知道"常识问答"游戏的所有答案，随时可以在晚餐时即兴讲解罗马尼亚的经济情况。我们很羡慕他们，但也会觉得这很无聊。

分析智力能力：具有这类能力的人热爱智力问题，纵横填字游戏、谜语等。他们乐于把复杂的数字简化成简洁的公式。战略顾问、科学家和学者都在这方面能力突出。当这类智力能力与事实智力能力相结合时，考试就太容易了。当我们说某个人智商高，通常是指这两种能力的结合。

语言智力能力：有些人会讲几种语言，能一个月就学会一种新语言。我非常羡慕他们，因为我自己没有这种能力。但是我们要注意，这种能力跟前面的两种没有必然关联。

空间智力能力：这种能力善于看到事物的抽象模式，常见于艺术家、数学家、系统设计师等。企业家也具备这种能力，而且不一定必须匹配其他智力能力。这也解释了为什么很多企业家在学校的表现并不好，从没有上过商学院。

音乐智力能力：这类智力能力给予了莫扎特天赋，但也让很多流行歌手没有机会上大学，因为他们在前两种智力能力上的分数太低。

实用型智力能力：这种智力能力让年幼的孩子能够拆卸并重新组装摩托车玩具，虽然他们还不懂如何用语言解释。很多"高智商的人"在前两种智力能力上表现出色，却被诟病为不切实际和不谙世故。就像英国作家切斯特顿的著名逸事，他给妻子发电报问："我在克鲁，我应该在哪里？"

身体智力能力：这项智力能力或者天赋常见于运动明星。拥有这项天赋，有些人就能比其他人更好地击球、滑雪和跳舞，他们的整体协调能力和肌肉远胜于常人。

直觉智力能力：拥有这项天赋的人会看到其他人看不到的事情，尽管他们无法解释其原因和由来。据说女人的这项能力远超男人，或许是因为男人常常轻视这项能力。

人际智力能力：是指通过与人交往或与人合作来完成任务的能力和智

慧。众所周知，这项智力能力通常不与分析智力能力共存。"太聪明了，但是不全面"，这曾经是针对保守党政治家伊恩·麦克劳德（Iain Macleod）的嘲讽，这也解释了为什么他永远不会成为他本可以成为的伟大领导者，这种评价也同样适用于其他人。没有人际智力能力，即使有伟大的思想也可能白费。

我的列表是基于观察得出的，可能在这九种智力能力以外，还有其他类型的智力能力。重点是，智力能力分为很多方面，每一种都很有用，每一种都是这个新智力世界中潜在的财产。我们未来不会都成为符号分析师，但是我们都要创造和管理自己的工作甜甜圈。为此，我们需要清楚地了解自己擅长的智力能力，并学会最大限度地发挥它。这样讲可能并不实际，但是在一个正义社会中，我们应该做出一个起始假设，即在这九种智力能力中，每个人都要至少会拥有一种。那么，任何学校的第一个责任就是发现一个人的智力能力并使其加以发展。古罗马诗人尤维纳利斯（Juvenal）所说的"认识你自己"是神明所赐的箴言，并被刻在了德尔菲神庙上。卡莱尔抱怨说这是一个不可能实现的教诲，应该用更可能实现的"了解你能做什么"取而代之。

3C 技能

发现自己的智力能力是一方面，应用是另一方面。我们要能够识别和发现问题和机会；我们要能够组织自己和他人共同解决问题；我们要能够坐下来反思过程，以便下一次做得更好。这就是探索的整个运行周期。

这个周期涉及的能力包括概念化（Conceptualising）、协调（Coordinating）、巩固（Consolidating），即 3C。它们是教育中的"动词"，而不是"名词"；

是做事的行动力，而不是书本上的事实。我们无法整齐地坐在教室里学习使用这些"动词"，而是依靠实践。没有这些技能，我们或许有成为诺贝尔奖获得者或运动明星的潜力，但是包括我们自己在内，没有任何人能够发现这一点。这3个"C"应该是任何教育甜甜圈的核心。不幸的是，现实并非如此。它们被视作额外的附加题，甜甜圈剩余空间中的选修技能。这就是为什么日本企业要在聪明的新员工入职后立即开展重新教育。这也是为什么一些孩子早点离开学校是正确的，因为他们能在社会上更快地学会3C技能。

我问过剑桥大学的一位英语教授，他们那里如何教育他们的学生，以便他们胜任那些光鲜苛刻的工作？毕竟这群才华横溢的学生中的大多数人在毕业后都肯定会从事这些工作。他说，这不关他的事。"他们来这里是为了学习英语，这才是他们所做的事。"托尼·本恩曾在《名人录》中将他的教育列为"在威斯敏斯特学院（美国最好的大学预科学校之一）和牛津大学之间"进行的教育。他可能是对的。符号分析师的孩子在长辈的指导和培训下，在成长过程中学习了3个"C"，就像日本公司的新员工一样卓有成效。因此，他们的出身强化了他们的优势。

一个正义、明智的社会应该就成功人士的孩子与其他孩子间不断累积的差距采取行动。80%的年轻人没有符号分析师这样的父母，他们除了接受学校的教育，没有别的替代选择。在他们需要密切看护和照顾的4～10岁，他们的3C技能正在开始形成。目前，在英国，这个阶段的孩子和老师的比例是25∶1，但是在大学阶段，学生和老师的比例是10∶1。我们应该调换这个比例。

如果他们在一开始就接受了合适的教育，学生应该能够在大学阶段更多地对自己的学习负责，而期待他们在小学做到这一点是不公平的。有人认为没有证据显示小学的班级规模影响学习效果，我必须指出，这个研究中所衡量的只是信息的记忆或者重复技能的习得，都是代表知识的"名词"。而代表行动的"动词"，也就是在他们成年时组织试图培养的那些技能，需要在指导、小组体验和在实际生活中练习，孩子们必须亲身体验才能学会。

一个老师负责 10 个孩子，我们才有可能实现符号分析师的孩子那种实时地在真实生活中学习的效果。10 个孩子可以在教室内和教室外之间自在地跑动，而 25 个孩子，从现实管理上就是无法实现的。它可以是任意的 10 个孩子。有很多零散的证据表明，你不必成为符号分析师的孩子就可以学会这些东西。如果从足够小的时候开始，大多数人都可以做到。

美国著名电影《为人师表》的原型，美国历史上最成功的老师海梅·埃斯卡兰特（Jaime Escalate）帮助低收入的西班牙裔学生通过了大学先修课程（AP）微积分考试，这是通常只限于所谓的"班上最聪明的人"才能学习的概念性科目之一。如果他能在最难的知识技能之一上做到这一点，那么他可能会在"行动"技能方面做出更多的贡献。小组、密切的指导以及从生活中学习所能做到的是给孩子自信心，而大班级很少能做到这一点。

学校的能力组合

我们可以再进一步。与其要求学生在毕业离开学校时需要达到一定的标准，不如要求学校在放学生毕业离开前确保他们达到这些标准。学校应该是一个培养能力组合的地方，这些能力不需要也不应该跟年龄挂钩，等级考试或测试也不应该要求在特定的年龄通过，因为人们学习"行动"技能的节奏和速度并不相同。音乐考试和驾照考试都是在人们准备好了并有通过可能时才进行的。如果每个 16 岁的孩子都在同一时间参加相同的考试，并且这个考试有等级评定，那么不可避免地，一定会有一半的人比另一半表现好。结果就是我们让一半的人相信自己是失败者，无论你告诉他们多少次他们通过了考试。

无论我们在什么情况下需要考试，都必须区分年龄和能力，并且允许重新参加考试。几乎每个人最终都能通过驾照考试。我女儿是 18 岁拿到驾照的，我儿子因为并不急于学开车，所以是 24 岁通过驾照考试的。在拿到驾照一年后，他们两个都不认为自己的驾驶技术更好或更糟。如果每个人都要 18 岁参加同样的考试，而且只有前 50% 的人被认为是合格的驾驶员，那么我们会有更少但更好的驾驶员和更安全的道路。此外，也会有很多被剥夺了考试资格、满怀怨怼的人，他们中的许多人本可以在几年后成为合格的司机。

如果学校的年龄限制贯穿我们一生，将会令人非常不满。只有 25 岁能参加会计考试，或者只有 39 岁能申请全职教授职位，那一定会引起公愤。学校之所以是所有机构中最具年龄歧视的机构，只是为了行政上的方便，而这导致了一半的年轻人认为自己是个失败者。

每个学生都被要求拿到一大堆的证书，来证明他们的能力或成就。除了传统学科的资格证书，我不理解为什么游泳、文字处理、烹饪以及其他一些生活实用技能没有资格证，也不要求在校期间学会。这些才是能力的证明。它们应该跟乐器或者驾驶一样有正式考试，或者像艺术家的作品集一样，基于作品考察。

这类作品组合的收集应该贯穿一生，但是习惯需要从小开始培养。在我们人生的各个阶段，作品都是至关重要的一部分。甚至我认为，在组织内部，作品组合也应该成为人们职业发展的途径，组织应该鼓励大家在各个层面增加自己的证书，可以是新的资历认证，也可以是考试或者课程的认证。在英国的学校里，"成就记录"（Records of Achievement）逐渐常态化，这也是在向作品组合方向发展。但是要真正发挥作用，它们还需要成为全国公认的教育组合方案的一部分，而不是仅仅作为一个锦上添花的项目，安慰那些无法在传统科目中取得好成绩的人。只有所有的考试都跟年龄脱钩，并且妥善地涵盖各类智力能力认证，我们才会看到教育的平衡。

然而，所有的组合作品集没必要都在学校进行，尽管它们需要在在校时期完成。没人真的指望学校教授驾驶或文字处理。学校能够也应该成为各类课外活动的组织中心。说到这一点，我们完全可以让专业机构在学校的监督下，教授语言或者家政学等科目。

如果教育服务不愿意承担如此扩大化的角色，我们应该在学校放学后，由另外的青年服务机构负责各类运动、工作经历、社区活动以及教育组合中更偏实践的部分。我们可以像欧洲大陆的学校一样，下午 2 点放学，然后由青年服务机构接手。青年服务机构的人员是一些全职专业人士，再加上兼职人员、志愿者或者家长，各类教育组合人员作为帮手。

我们还可以再进一步。技术和多媒体带来的各种可能性，让我们可以独立学习。就像准备驾照考试一样，我们完全可以自己选择某个科目自学，在准备好时申请考试。学校或者青年服务机构的功能是追踪跟进大家的进度，确保没有人遗漏或者错失 3C 技能的课程和收益。这样学校就成为教育甜甜圈组织的核心机构。一些老师会成为核心员工，获得高薪，但需要长时间工作并随时保持灵活响应。其他老师将会成为专家，在核心之外的一系列学校或者机构中教授自己的专长，他们自身也会成为组合化工作的人。有些人的职业生涯会在这两种角色间转换。

双重债券

教育组合和甜甜圈学校可能还不够。伴随着适量的辅导、教学和反思，我们从生活中学习生活，从工作中学习工作。除了纯粹的学术人员，德国针对所有 16 岁以上的人开展职场实践和正式教育的混合培训，这种模式已经获得了广泛的认可，并且在本土化以后，开始被复制到许多国家。然而，在这个瞬息万变的世界，"一招鲜，吃遍天"的想法是相当危险的，我们现在给人们培训的岗位和技能可能很快就过时了。不幸的是，如果你沿着发展曲线走，最终一切都会过时。

因此，这类学习必须辅以"行动"类学习。在知识快速迭代的世界里，这类学习可能早先学过，但是会常学常新。因此，在每个人成年时，应该提供给他们两种债券。债券的一部分用来支付在提供认证的学习机构进行两年或者同等水平的全日制学习的学费和基础生活费，直到达到规定水平。这部分债券可以在人生的任何阶段使用，没有年龄限制。入学完全依靠个人申请，机构可以自行决定接受还是拒绝他们。国家只承诺支付费用，而不保证录取。我断定，一旦教育需求获得这种程度的保底承诺，就会有足够多的机构自我重塑来满足相应的需求。

人们进入大学时，就可以自动获得这部分债券。也就是说，他们将会获得两年免费的高等教育。如果课程持续时间超过两年，他们就需要自己支付多出来的时间。目前，英国的第一学位课程是三到四年。如果双重债券的提议被采纳，我们很可能会看到第一学位的课程被压缩到两年，然后是可选的两年研究生学习。这些研究生的学习费用可以从未来收入中扣取研究生税，那些收入较低的人将自动需要更多年来偿还，这很公平。

另一部分的债券将会提供给任何在本地志愿者组织或政府机构全职工

作两年的人，金额等同于本地的社会平均工资。许多生活和工作中的事只有在生活和工作中才能习得，这个债券是对这种"行动"类技能学习的认可。政府会像中介机构或职业介绍所一样在各区域组织这些活动。因为这些劳动力超出了市场需求，所以岗位主要安排在志愿者领域或者非法定政府部门工作中，并不会取代现有员工。如果人们愿意并且能够安置好的话，这两种债券可以结合使用。

这两种债券标志着社会对公民成年后的继续投资将覆盖每个人，而不仅限于学术方向的人才。作为回报，在这两份债券被使用前，社会可以拒绝为公民再提供任何支持，除了极个别的特殊情况。通过这两种债券的方式，我们为每个人提供了必要的额外投资，以帮助他们具备他在"智力社会"生存所必需的智力和实用技能。

虽然只有少部分人会真正兑现他们的债券，虽然这些债券会有效地替代很多福利支出，虽然很多原本缺乏经费的社区工作都会因此被完成，但是这个计划会潜在地花费大量资金，这必须被视为对长远未来的投资。其回报在于，如果债券能够使更多人自食其力，社会就可以减少在他们人生后期阶段的补贴支出。间接地，这项投资还会降低治安成本，提高社会满意度和公平。如果新加坡能够接受将国民生产总值的25%投资到教育、培训和发展中，那么我们也应该能够做到。认为终身学习截止到16岁或18岁是非常天真的，但我们现在正给许多年轻人这样的暗示。

学习跟生活一样，永无止境。我们有理由期望，职场将会看到投资智力的意义，至少是投资核心员工的意义。我们常常会很失望，很多组织毫无前瞻性远见，不愿等待投资的回报。有些组织则只希望雇用受过良好教育和培训的人，从他人的投资中坐享其成；还有些组织完全依靠员工的自我投资。要想学习成为贯穿一生的习惯，一些妥协是必需的。

鼓励这个习惯的一种方式是给企业设定法律基准，要求它们在教育和培训上花费一定比例的薪资成本，并在它们的审计报告中披露该数字。任何未达到标准的组织都需要把差额上缴中央培训基金。法国要求工资的1.2%要用于该用途，大部分企业都超过了这个标准。有少数的政府机构设立了最低标准，但是，英国工党最近提出将这一标准定为0.5%，则低估了智力能力时代所需的投资。我所在大学要求平均每周花一天时间进行研究，以保持我的课题的领先。那是我20%的时间。其中的一半——10%，可能是未来几年每个人的最低标准。现在，好雇主的标准是一年提供五天培训，二者之间仍有很大的差距需要填补。

这些资金和时间应该被视为个人的权利，可以根据自己的意愿投资于自己的发展。而组织不需要也无法知道什么是个人的最佳选择。如果员工个人有权获得年假、病假和产假，那么将这些权利拓展到个人智力发展看起来也是合理的。一些美国企业号称"个人发起，公司支持"，这听起来很不错，但通常只被解释为参加一些精选课程。它需要更广泛的应用，比如每年保证一定金额的培训费，如果需要，最长可以累积七年。

然而，最有可能忽略对自己智力发展做持续投资的是那些组织以外的人。大多数组织会把这个责任留给个人，但是他们会因为太穷、太忙或者太短视而忽略这件事。智力时代最大的危险就是劳动力市场底层能力的下降，那些游离于组织之外的人需要帮助。

新型经纪人

所有的独立工作者都需要经纪人。在未来，我们一大半的人会成为终身的独立工作者，而我们所有人都可能在人生的某个阶段成为独立工作者。

用官方的说法，独立工作者从未失业，他们只是没上过班。在戏剧界，他们称之为休眠。如果最终欧洲的失业人数下降，部分原因应该是很多人不得不成为独立工作者，维持着一个小的工作组合，从而注销了失业登记。他们需要有经纪人帮助他们提升工作组合的数量和质量。尽管有些独立工作者拥有丰富的工作组合和充实的日程，但是许多人仍属于社会中最脆弱的群体之一，他们没有保护、不受欢迎、资产日益劣化。这种情况对任何人都没有好处。

演员和模特都有经纪人，作家、高尔夫球员、网球运动员和拳击手也都有。即便你是个明星，找寻商务机会和给自己定价也是个困难的事。那么对于没有名气、还不了解自己能提供什么服务的普通人来说，机会就更渺茫了。好的经纪人不仅会为你的才能找到买家、进行商务谈判，他还会是好的教练或导师，帮助你审视自己的经验，指导你找寻适当的教育机会。好的经纪人会不断给予你各种想法，激发你的创意——"你考虑过……吗？""这类事情你有兴趣吗？"他们会建议你需要做什么或者你需要去哪里，以提升个人技巧或者丰富个人经验。

如果他们足够优秀的话，还将帮助你组织你的生活，在独立工作者不可避免的混乱日程中建立秩序。这种行为并非利他的，因为增加他们所管理的资产的价值，也符合他们的利益。对于独立工作者而言，知道有人与自己的利益一致是一种极大的安慰，因为组织外的世界可能相当孤独。组合化独立工作者的经纪人将是一个不断增长的市场。高管租赁机构已经迅速进入了相关的高端市场。它们为组织提供高管，以覆盖短期技能的差距或临时项目经理的需求。它们实际上是组合化高管的经纪人。

这对于那些技能水平较低的人来说是个非常迫切的需求，对老的工会组织来说也是个天然的机会。随着极简化组织的盛行，工会的成员和影响力不可避免地在减弱。然而，工会很明显不愿意承认这个市场，因而我们必须找寻新中介。如果猎头公司能转变成经纪人，成为个体求职者的代理，而不是代表雇主机构，那就太好了。如果它们足够有远见，还应该花钱提升签约工作者的技能和知识，因为这样可以提高它们向雇主机构要求的服务费率。有些公司已经开始提供培训机会，更多公司应该效仿跟进。

除了经纪公司，组合工作者还需要一个有归属感的地方。如果你完全靠自己自学，学习会让人感觉远离人群。远程工作从技术角度可行，但是在现实中却让人感到很孤独。与世隔绝也可能会导致职业技能优势的萎缩。独立工作者需要有个家以外的地方，那里有同事而非客户，能够像在曾经的办公室和工厂那样，有同伴、有八卦，但没有老板。此外，还可以相互交流经验和共享联系人。我们需要一个俱乐部。此前我也提出过，极简组织的中心将是非核心成员相聚的俱乐部，关键的组合工作者如果需要，应该也可以使用这个俱乐部。如果可以的话，每个人的工作组合中都应该有一份工作，其部分费用可以换成俱乐部权益。对于许多谈不到这项特权的人，我希望看到经纪公司能提供类似的设施，作为交换，它们也可以获得其求职的独家代理权。

随着组合化工作市场的竞争越来越激烈，我们可以看到这些新型中介开始雇用储备劳动力，然后再将其出售，自己承担风险和收益。组合工作者也将放弃部分自由，以换取更多安全感，保障员工的传统福利，例如带薪假期和病假。有些组织也会为刚被裁员或退休的人员做类似的事情，法国的惠普公司算一个，伦敦的 IBM 公司也是。它们会把这些员工当作服务商，或者以保底费用购买他们一定比例的时间。它们还会创建俱乐部，会员可以享有一定的报酬，但是你要保留会员资格，就必须不断更新迭代你的技能，保持智力资产的增长。

有些组合工作者会组建自己的俱乐部或关系网络。关系网络是非常有用的，但是如果它们只是基于你的通讯录的话，它们会缺乏俱乐部的自发性。通讯录与酒吧或阅读室不同。每个关系网络都需要一个俱乐部作为中心，以便大家能从虚拟的线上走到线下。失业人群的俱乐部可以提供合适的场所，但是人们常常在里面抱团吐槽，而不是共同学习。只有成员们开始思考工作组合，俱乐部才会帮助大家开启找客户而不是找工作的新生活。

我们社会中的独立工作者是最脆弱、最缺乏保护的群体之一。《欧洲社会宪章》试图弥补这一点，但是人们怀疑违背宪章能比遵守它得到更多尊重。英国拒绝签署也只是比违约略为体面一点。在竞争激烈的世界中会出现劳动力过剩，独立工作者将需要尽可能多的帮助。给予他们帮助符合我们所有人的利益。

第十三章
新的计分卡

很不幸，美国国防部前部长麦克纳马拉（Macnamara）是对的。他关于越战的反思就是后来被广为人知的"麦克纳马拉谬误"：

> "第一步，衡量容易衡量的事物，这一步是没问题的；第二步，忽略那些不容易衡量的，或者简单粗暴地给其一个定量价值，这是作假和误导；第三步，假定不容易衡量的就是不重要的，这是无知；第四步，宣称不容易衡量的就不存在，这是自杀。"

不能计数的就不重要。金钱是最容易量化的，因此，金钱极其迅猛地成了一切事物的衡量标准。一个正义的社会需要一个新的计分卡。

金钱的畸变

我们现在把国内生产总值（GDP）和国民生产总值（GNP）假定为国民收入，然而，人们往往没有意识到，常规标准化核算国民收入是非常新的概念。英国直到 1940 年才在凯恩斯的帮助和建议下开始这项工作，当时的政府需要计算出它可以为打仗筹集多少钱。在此之前，它只有偶尔进行非标准化的估算。我在英国石油公司的第一份工作是在新加坡。因为实在没人，他们任命我，一个学古典历史和哲学的人，来做其首位区域经济学家。我被要求基于世界其他地区的比例，准备一份新加坡国民收入和石油消费的预算。不幸的是，那是在 1956 年，新加坡还是英国的殖民地，当时完全没有任何关于新加坡国民收入的统计数据。我可能是第一个对新加坡的国内生产总值做粗略的、不完全估算的人。

时移世易，现在新加坡引以为傲的是它人均收入的增长。各种国民收入的排行榜层出不穷，人们认为这些数字等同于生活水平，但是这些统计数据仅衡量了金钱的可见转移。比如，众所周知，它并不能衡量没有报酬的家庭型工作。如果妻子去世了，丈夫雇人来做那些妻子曾经无偿做的事情，那么据法通保险在 20 世纪 90 年代的统计，国家的生产总值将大幅增加，虽然这只是表面繁荣。志愿者和慈善工作，也就是礼物型工作也没有包含在内，因为没有发生钱的转移。如果是出于爱和同情在自己家里照顾老人，也不算在内。然而，如果把父母送到养老院，基于目前的统计方式，社会就立即变得更富有了。

更隐蔽的是，如果车辆和高速公路的状态很糟，车祸频发，导致医疗费、车辆维修费、保险费的增加，那么这些交易费用都会被计入统计，所谓的国民财富也会增加。花钱建厂污染农村清新的空气、向河水中排污、破坏该地区的平和宁静，这些都会算作国民财富的增长，因为这些损失不会被扣除。如果公司因为该行为被罚款或者收费了，显然这会让我们变得更富有。这样的统计方式鼓励我们成为一个即用即弃的社会。你越是扔掉东西买新的，而不是修理它们，社会就越富有。

畸变还不止如此。闲暇，这种宝贵的商品，只有你为它花钱时才会被计算在内。我有时半开玩笑地说，德国比英国富有是因为德国人都住在公寓里，而英国人喜欢住在有花园的房子里。如果你住在公寓里，通常情况下，你每次出门要么是去赚钱，要么就是去花钱。而英国人会去花园，看看黄瓜的生长，或者给花坛除草。不涉及钱，就没有财富。爱是免费的，所以买钻石吧，这会让国家变得更富有。不要给她做饭，带她去餐厅吧；不要做音乐，买音乐吧。当我乘坐高速列车，从东京到大阪，穿越数百英里的荒凉工业景观时，我提醒自己住在这里的人们比大多数欧洲人都更富有，但是他们自己不这么认为。在一项调研中，被调研的日本人认为，他们的生活质量实际上低于除葡萄牙以外的所有欧洲国家。

将一个国家的所有企业和机构的财务交易加总，换算成美元，再除以这个国家的人口总数，并不能告诉你这个国家的人民过得好不好。天气冷的时候，总要比天气暖和时花得多。在英国，热辣的太阳和寒冬的白雪都是昂贵的。在意大利，它两样都有，但不用花钱。贫穷的意大利人！收入在人与人之间、组织和个人之间的分配并不均衡。与英国相比，日本在组织内保留了更多的资金。老龄化的社会比年轻的社会花费更多，人口更少。因此，他们"统计"起来更富有，但是感知上却更贫困。

国际货币基金组织（IMF）使用购买力平价（Purchasing Power Parties），而不是惯常的市场汇率来比较不同国家的产出。它发现，印度人均产出从275美元增长到1255美元。在印度，一点点钱都能大有用处。购买力平价反映了事实。当国际货币基金组织在这个新基础上加总所有发展中国家的产出时，它发现，发展中国家在世界总产出的占比从 18% 跃升至 34%，工业化国家则从 73% 降到 54%。事实上，你看待事情的方式，取决于你如何计算。

我们也看到了一些探索，试图将不可见物纳入可见的统计。大部分国家会估算它们非正式的"灰色"经济，有一两个国家会将这类估算加入其国民收入中。1987 年，意大利因为这样做，在国际排名中跃居英国之前。仅仅因为一位统计学家在电脑键盘上的敲击，其国民生产总值就增加了 18%。家庭型工作或者礼物型工作还没有被增加到这个钱数中，但是这一时刻可能不会太远了。这将是一种无痛的快速致富方式，并且英国基于其历史悠久的志愿者传统，也会成为受益者。因此，我们应该记住这条原则：没有任何一套数字能够服务于所有的目的。我们需要两套国家收入统计，一套记录金钱的转移，另一套列举所有其他的生活指标。

计算那些隐形的价值

第二套指标列表将包含健康和死亡的数据、婴儿死亡率、平均寿命、死亡原因等，它还应该包括教育数字、就业数字和以其他形式工作的统计数据。它应该有更多详细信息，比如住房的数据，碳排放、森林采伐、能源利用率等环境指标，人们关于生活质量的感受等主观指标。目前大部分国家都有这些数据。在英国，许多数据每年会以各类文件的形式发布，比如"社会趋势"，其他地方也有类似的文件。我们需要的不仅是一个新的国民账户体系，更需要一套可以逐年、逐国家进行比较的国家统计数据。联合国的国际比较计划（International Comparison Program）正试图这样做，并可能会成为其重要举措之一。

当完成这些数字统计时，我们需要给予它们和金钱类数字同样的公共关注度。比如，每次国会或议会都应对这些数字进行年度演示和审阅，媒体应该对此展开讨论和辩论，并基于与其他国家对比的结果进行庆祝或反思。随着时间的推移，它们将与国民收入的数据并驾齐驱，为文明社会提供一套基准。如果我们的统计会影响我们的行为方式，如果我们想要一个更加平衡和公正的社会，那么这两套数据都是必要的。

实际行动

我们的变革可以从让国民收入账户变得更诚实开始。政府在现金流的基础上运营国家，每年对比"资金流入"和"资金流出"。区别在于赤字，英国别致地称之为"公共部门净现金需求"（Public Sector Borrowing Requirement）。这允许他们无须考虑投资和花费间的区别，二者都是支出，尽管投资可能在将来省钱，而花费则一去不返了。因此，教育始终是成本而非投资。现金流惯例允许他们出售资产，并称之为利润，尽管利润不会再重复发生。同样的惯例还允许他们将不会持久的意外之财，例如，20 世纪 80 年代英国北海出产的石油被视为额外的收入，而非等同于阿加莎姨妈的遗产[⊖]、一次性赏金或者某些投资于未来的东西。

这样统计的结果就是扭曲了优先级，无法激励人们去做长远布局，也无法把今天的消费换成未来的储蓄或收益。人们没必要考虑未来的债务堆积、道路和铁路年久失修的代价，或者为国家养老金计划中每个工人的养老金负债。如果我们自己也这样过日子，那么我们将永远不买房子，会把

　　⊖　谋求遗产这一杀人动机几乎出现在阿加莎的所有小说中。——译者注

车一直开到坏掉，会在孩子的教育上花最少的钱。因为长远的未来相较于现在的账单来说，永远是次要的。在我们的私人生活中，我们通过贷款或抵押将房子等大笔的投资转化为更小的支出流来解决这个问题。如果我们是明智的，那么我们借钱只会是为了财务投资，而不是为了支付每月的账单。政府混淆了这些。任何企业都不希望这样做，也不会被允许这样做。政治家们始终一致地抵制以"类似企业"的方式做账的压力。他们争辩说，这是不必要的束缚，而且无论如何，他们必须通过借贷来为运营赤字和资本支出提供资金，为什么要人为地将它们分开呢？

然而，有一个国家尝试了企业化并提出要适度平衡。新西兰在1991年首次编制了国家资产负债表。资产负债表显示，它的资产、国有企业、公路、土地和建筑、金融储备和投资的总额，与其在国内外的借款和养老金负债相比，少了144亿新西兰元。严格地从法律上来讲，这个国家破产了。但从现实来讲，这意味着未来的纳税人将不得不为前辈的肆意挥霍买单。新西兰将会继续公布其老式的现金流账目，但是新的企业化账目将有助于展示现在和未来是如何平衡的。《经济学人》根据这些数字计算出，"新西兰公司"的净资产在过去20年缩水了120亿美元。不用计算，你就可以说新西兰人已经抵押了他们的未来。其他国家现行的政府会计制度使得权宜之计盛行，因为没有人知道真正的成本。更好的统计将有助于我们在讨论优先级的长期平衡时，有更多透明的信息，同时也会让国家目标和方向问题浮出水面。

企业的计分卡

公司的资产负债表可能好一点，但是它们也有很长的路要走。以下事项通常不被计入账目，也鲜少提及。①公司的知识资产（包括品牌、专利和技术壁垒）：他们在扩大此类资产所做的投入，包括研发费用、培训和发展；新产品 / 服务的引入；员工士气和生产力。②客户：产品及服务的质量；客户满意度。③环境：在环境控制和改善方面的投资和支出；社区工作的支出；社区方面的投资。

这些事项很难计算，并且独立看它们自身没有任何意义。只有当我们进行年对年比较或者竞品间比较时，这些数字才会变得有趣。对比提供了基准。然而，如果没有这类数字，只看重现金流数字的话，那么我们就很难知道公司是否实现了平衡发展，未来是否分配到了足够的资源，各利益相关方的诉求是否达成了平衡。作为投资人或客户，如果你押注的是公司的知识产权，那么你需要的就不仅仅是历史财务数据。

威廉·赖利（William Reilly）在担任美国环境保护署署长时，被问及东欧人从长远来看应该首先做些什么来清理他们国家的大规模污染，他回答道：

> "我的回答是，从公开披露排放量开始。要求这些数据公布在本地的报纸上，然后支持健康的非政府环保运动。从这开始，奇妙的事情就会发生。社区会跟工厂的经理、工人和政府相互协商减少污染的程度。这就是信息的力量。"

计数让问题可见，计数让问题变得重要。

IBM 现在用 7 个参数来衡量每个事业部：4 个财务数字（收入增长、利润、资产回报率以及现金流）和 3 个新衡量标准（客户满意度、产品质量和员工士气）。在英国，戴维·布德沃思博士正在探索"创新比例"，即企业在创新（研发、培训和品牌开发）上的花费与企业附加值间的关系。还有些人找寻衡量企业"知识银行"的方式。无论如何，已经有人在其公开财报中增加了"无形资产"这个类目。这个事情的难点在于,你只能在账目的注释小字里找到它的具体含义,并且在不同的公司,它的含义不同,衡量方式也不同。对于出版商来说,它意味着其持有的出版物版权。对于广告传播集团(WPP)来说,它意味着其旗下两大广告公司——智威汤逊(J. Walter Thompson)和奥美(Ogilvie Benson Mather)的品牌。它们没有说它们是如何评估的,但至少承认知识资产是有价值的。

然而,把知识资产放在资产负债表上,可能会令人混淆。如果我们给它们估算成钱数,那么我们就要再次用同一组数字来计算不同类别的事物。就像我们用不同的度量单位衡量固体和液体一样,我们也应该对不同的利益相关方使用不同的衡量标准。比如,对于环境来说,联合国倡议每个组织应该在年报中列出如下内容:

- 组织的环境政策。

- 环保支出的总金额。

- 环保负债,例如组织有待遵循的新环保法规。

- 披露其他预期的环境支出。

英国政府的《皮尔斯报告》(The Pearce Report)如果得到实施,将要求组织披露它们的人造资本、自然资本和关键资本资产,以及相关的维护成本。可能还需要有强制性环境审计,以期监测环境标准合规情况或全面的能源核算体系。

这些只是量化环保责任的一个开端。由于这些新数字,环境正因为计算所挽救的森林数目而陷于消耗更多森林的危险中。现在仅仅在美国,环境清洁企业估值就已超过600亿美元,并且还在增长。问题越大,生意越大。德国大概拥有东欧40%的环境市场。如果你把问题变成生意,数字就会出现。

　　消费者需求是另一个不断增长的业务。明智的企业认识到，满意的消费者是忠实的消费者，因此它们会开展调研，收集数据和分析复购行为。随着越来越多的组织意识到它们是没有股东的企业，这种做法也传播开来。英国的医院开始进行患者反馈记录，以此追踪患者对其治疗的满意度。医院不想要患者再回来，所以它们得把重复访问的统计数据反过来解读。这个数字越大反而越不好。将其这类非复购型业务与全国同行机构对比，是一个有价值的基准。这样，它们就不得不解释它们为什么与众不同。不同的数字设置了不同的议程。

　　为了达成适度的平衡，组织需要针对它们与各利益相关方的关系进行审计，即使有些细节应该保密。公布一家企业参与社区的细节或者它的人才投资情况并不会对其造成伤害。这个时代的优先级发生了巨大的变化，其中一个信号就是，很多企业意识到宣传这类活动会带来竞争优势，所以不再缄口不言。一家会计公司的广告讲："加入我们，我们每年将投资薪金的10%用于你的职业发展。"另一家公司则宣称："我们承诺每位员工每个月都有机会在社区带薪工作一天。"一旦一个事情被视为商业机会，用以量化的数字就会出现。知识产权或者供应商关系的细节可能是更私密的事项，但是创新比率等经过审计的一般比率，不会给竞争对手透露什么，反而会表明组织在其长期能力方面的投资水平。这些可以而且应该公开。公布良好的比率会是一门好生意，因为股东可能会印象深刻。

　　许多大公司的董事会都设立了独立的审计委员会，负责社会政策、伦理、薪酬、安全环境等。以英国帝国化学工业公司（ICI）为例，他们会随年报一起发布独立的环境报告。这是个好的开始，也是对各利益相关方以及企业发展路线中各类冲突的承认。如果我们能以标准的方式公开数据，那就更好了。我猜测，类似的要求很快会拓展到所有的欧洲企业。他们会对涉及的官僚体系和成本感到愤怒，也会遭遇自由受限的阵痛。但是，算清楚这些隐形的成本，企业将会更好地平衡现在与未来的冲突以及各利益群体间的矛盾。有时我们被迫变得理智。一旦竞技场开启，规则已知，比赛也就可以开始了。

个人的计分卡

在我争强好胜的那个年纪，我常常问我朋友："你赚多少钱？"当时，我是石油公司的高管，而我的朋友们有的是忙碌的银行经理，有的是精疲力竭的年轻医生，收入似乎是在生活中相互比较发展情况的最佳方式。我很快被一位朋友打断了，他回复说："够用。"我问："够用是什么意思？""我说的够用是，我算出我需要用多少钱，再确保我赚够这些钱。为什么要赚更多呢？你一年能买多少糖？"他反过来问我。我说："我不知道。""但是我猜你需要时家里总是有糖的。钱跟糖一样，没必要囤积。要么糖过期变质了，要么你就不得不做些没必要做的蛋糕来用完它。"

我当时想，他真是个疯子。但是，当我年纪渐长时，我理解了我朋友所表达的真正含义。他一直不富有，但就像他说的，"家里一直有糖"，而且他并不像我们其他人一样疲于奔命。他知道他想要从生活中获得什么，并不把钱当作生活不确定性的替代品。在这个物质主义的时代，大部分数字都是关于钱的。很显然，我们赚得越多，说明我们做得越好。但是就像糖一样，我们必须出去把赚的钱花掉，买的通常也像那个蛋糕一样是我们并不真正需要的东西。在大衰退时期，很多夫妻发现，家庭变大了，收入也增长了，但是他们没办法换房子，因为他们现在的房子卖不出去了。其中一对夫妻告诉我："最初我们很崩溃，但是后来我们想，我们在这地方度过了非常快乐的日子，虽然它有点小，也有点不方便，但是这并不重要。我们要享受已经拥有的，忘掉那些麻烦事。我们已经拥有足够多了。"

一旦你有了足够的钱，钱就不再是衡量价值的标尺。它只是我们个人甜甜圈的核心部分。我们会好奇：那些年薪百万的人都会如何使用这些钱呢？如果你不使用，糖就会变质。钱甚至不一定是成功的标志。在英国，最快的致富方式可能是当一个失败的高管。签一个三年合同，在第六个月搞砸，然后带着100万英镑离开这份干了六个月的工作。随着我年纪的增长，我意识到我的朋友对那些有钱人并不感兴趣，他要的只是"家里还有糖"。

一些变化的迹象

如果金钱不是衡量一切的标尺，我们该如何用数字衡量其他事物？比如，在美丽的村庄漫步、优美风雅的表达、家人的关爱、教书育人的乐趣、看到他人康复的喜悦、创新发现的兴奋、完成工作的成就感、有朋自远方来的快乐。我们都知道这些事情的滋味，但是很难用成功来形容它们。即便无法量化它们，我们也需要找到一种方式历数它们。我们能从孩子身上学到很多事，尤其是他们长大成人后。我曾问我24岁的女儿，她认为自己人生都在做什么。她说这尝尝那试试，四处旅行、各种冒险、交朋好友。我故意为难地问："你打算什么时候找个正经工作，对这个世界做点认真的贡献？"她看着我，我感觉她的目光中带着一丝怜悯。她说："这世界上有那么多人依赖我的帮助或者安慰，把我当成家人。我每天都学到了新东西，每天都跟朋友开心地大笑，而且我几乎每天都为大家煮饭。哦，我还人畜无害。我不认为这样的24岁有什么错。"我走开了，我想知道自己需要多久才能讲出类似的话。

劳伦斯·谢姆斯（Laurence Shames），在他的著作《渴求更多：在贪婪的时代找寻价值》(*The Hunger for More: Searching for Values in an Age of Greed*) 中这样描述这个困境：

> "开拓者……塑造了美国做事的方式和美国价值观……更多的金钱、更多成功的标志。永远有人认为这就是人生的目标，但是那些人不再代表我们所有人来设定基调。现在有一种新的'更生活'即将到来：更欣赏那些交易市场之外的美好事物，更坚持公平，更关注目的，更坚定地选择适合自己的生活。我们敢说这些新的'更生活'构成了一类开拓者吗？"

他继续说，衡量更多很容易，衡量更好很难。

在美国，米奇·考斯（Micky Kaus）与我一样担忧，因为金钱成为衡量一切的标尺。他想要把更多的事物非市场化，这样贫富就不再重要。英国的国家医疗服务并不会区别对待贫穷和富有。我每次出国旅行后，在伦敦希思罗机场一降落就感到松了一口气，因为我知道现在我哪怕生重病也负担得起。考斯会在非市场化的列表中增加征兵或者国民服役、所有的学校和大学、公园和各阶层融合的住房。我会增加各种公共交通。考斯的梦想是，最终会有一个社会认为保安人员"和银行家一样好，因为他工作一样努力"。这肯定是不切实际的。但是，将很多事物从货币经济中剥离出来的想法是非常值得称道的，尽管这将增加税收成本。

我将自己的梦想更多地寄托在处于人生第三个阶段的人们身上。他们中的大部分人没机会存储更多的糖，"够用"对他们来说应该就足够了。然后，他们将开始发现那些无法用金钱衡量的满足感和成就感，各类礼物型工作、学习型工作和家庭型工作都可以带来丰厚的回报。这样的人将会有很多，多到足以引起我们的注意。他们还不算年迈，不是我们曾经以为的那种年迈。他们也不会像他们的父母那样退休，而且他们中的大部分都不穷。他们将会构建一套新的判例法、新的成功模式、新的数字体系。他们可能会相互打听：今年你培训了多少年轻人？完成了几幅画？种了多少花园？读了甚至写了几本书？组织了多少场游学活动？送了多少病人去医院？捕捉到了哪些安静美好的时刻？你最珍视的炉边谈话是什么？特别的聚餐呢？写了什么信或者拍了什么照片？给了朋友什么建议？弥合了哪些纷争？激发了哪些爱？

想象英国 6 月那些明亮的傍晚，太阳直到晚上 9 点才会落山，空气静谧而芬芳。我沿着剑桥大学的河畔散步，眼前是一片整齐的草坪和美丽难忘的伦敦国王学院礼拜堂，树林间传来唱诗班悠扬的高音合唱。一对年轻的美国夫妇停下来，陶醉其中，妻子说："亲爱的，记住这一刻，永远记住它。多么美好的时光。"如果我们要发现生活中更好的平衡、社会中更多的正义，我们需要找到更多这样美好时光的例子，并让更多人都能很容易地获得它们，让它们被重视。我们只需要给这些美好的时光更多欢呼，就会实现这一切。因为流行就是一种强大的变革力量。

第四部分

追寻意义，理解矛盾

—

THE EMPTY RAINCOAT
Making Sense of the Future

THE EMPTY RAINCOAT

Making Sense of the Future

三种意义

白色的石头

"这一切都有什么意义？"我朋友问，"我们为什么要挣扎于这些第二曲线、甜甜圈和妥协折中的方案？最终，生命不就是个病态的笑话嘛。"我理解她的感受。最近我刚经历了我岳母的离世。一个月前，她还是一位开朗且有些暴躁的老太太，是整个家族的中心。一个月后，她就变成了医院病床上那个苍白、瘦弱的身躯，几乎无法微笑，更不用说讲话了。然后就什么都没了，只剩骨灰盒中的一小捧骨灰。难道这就是生命的全部吗？

有些生命就是没有意义。契诃夫说："你问我生命是什么，这就像问我胡萝卜是什么，胡萝卜就是胡萝卜。"可能，正如格特鲁德·斯泰因（Gertrude Stein）评价加利福尼亚的奥克兰："那什么都没有。"我们都是生物进化链条中的偶然。我们可以享受这份偶然，也可以像科学家那样，投身于探究演进的奥秘。然而，哪怕我们理解了它，也无法做什么去改变它。人类只是宇宙中最微小的尘埃。笛卡尔认为动物是机器，一些生物学家则认为人类与动物没有任何区别。

美国当代政治哲学家阿兰·布鲁姆（Allan Bloom）看到"科学的神话"对美国当代年轻人的影响，他感到十分恐惧，并写了《美国精神的封闭》（*The Closing of the American Mind*）这一畅销书。他发现，美国的大学生不仅死气沉沉和傲慢，还不愿意提出或者持有任何观点。历史上，很多自认为正确的人做了很可怕的事情，因此最好完全不持有任何观点。唯一的真理就是科学。其他都是一厢情愿的妄想。由此还可以得出结论，在任何事情上采取特定立场站队都是错误的，错得更离谱的是，试图把自己的愿望强加给你所在的世界。被动的窥视就够了，最好不要评判，因为认为任何一种生活方式优于另一种都是错误的。

这种态度留下了一个道德的真空，没有正确，也就没有真正的错误。这种态度还滋生了惰性，没有第二曲线，妥协的理由也是错误的——仅仅是为了躲清静，而不是为了正义或进步。德国哲学家伊曼努尔·康德（Immanuel Kant）是 18 世纪普鲁士一个无名小镇中默默无闻的哲学讲师。他与笛卡尔持不同意见。他坐下来，写下了他的《纯粹理性批判》，让整个世界为之思考，因为面对可能当时乃至现在仍占据主导地位的科学，他提供了另一种选择。他坚持认为，人不是达成目的的手段，人本身就是目的。人的生活由内在的精神压力驱动和塑造。

信仰是没有理由的。如果存在理由或者逻辑，那么我们就不需要信仰了。我不能证明我们存在的理由。我很赞同哲学家路德维希·维特根斯坦（Ludwig Wittgenstein）所说的："即使所有可能的科学问题都得到了答案，人生问题也仍完全未被触及。"我也赞同美国文学大师约翰·厄普代克（John Updike）所说的："存在如同极乐，都让我们无法描述或者定义。"即便是个自负的幻想，我们仍感觉我们知道自己存在某种类似灵魂的东西，我们很重要，我们在某种程度上是独一无二的。我在书桌上放了一块白色的石头，用来提醒自己我的独特性。哪怕毫无意义，哪怕只是个科学的游戏，我们必须相信自己是有意义的。如果我们自己不相信这一点，那就没有理由去行动、相信和改变，世界就会任凭那些相信可以改变的人摆布。这是我们无法逃避的风险。

为了找到生活的意义，找到我们行动和存在的理由，我们需要建立三种意义——连续感、连接感和方向感。没有这些意义，我们会感到迷茫、漂泊和无助。未来几年，世界将会变得越发混乱，我们需要尽可能多的帮助来认清自己在世界中的位置和角色。这些感觉是我所知道的最佳解药，会帮助我们抵御快速变化带给我们的无力感。

第十四章
连续感

大教堂哲学

我父亲在他去世的前几年，给了我一个脏兮兮的棕色信封，他说："我现在不会再有时间处理这些事了，交给你了。"里面是一些旧的家族文件，包括一份能追溯到二三百年前的家谱。我看了下，注意到几代以前有个跟我同名的人，那个查尔斯·汉迪出生于1756年，卒于1836年。他结婚了，生了四个孩子，其中两个孩子在两岁时夭折。成年的两个孩子中，有一个是我的曾曾祖父。这就是我对这个人所了解的全部。这份家谱无法告诉我，这个查尔斯·汉迪住在哪儿、做什么、长什么样子、经济状况如何，或者他是不是个好人。我对他几乎一无所知。"我以后也会是这样的吗？"我想。变成家谱上的一个名字，在100年后被一个我完全不认识的人看到，这就是一切的意义吗？

进而，我意识到我不应该如此傲慢，认为我要对未来做出巨大的贡献。如果最终能做出贡献，当然最好。但是我的主要任务是确保连续性，不仅对我的家庭，也对我所相信的事情。忘掉"生"（beget）这个字的原意，只看它的隐喻，它适用于机构和理念，也适用于朋友和亲属。我们都是链条中的一环，我们有责任让事物延续，因为没人知道哪一代会做出重大的改变。

智者的定义强调了连续性的重要性——智者应该确保"有遗产给到他的子孙"。乔纳森·劳赫（Jonathan Rauch）写过一本对日本非常有洞见的著作《国家之外》（*The Outnation*），书中描述了他与平田康成（Yasunari Hirata）的会面。平田康成于 1946 年创办了一家制造手推车和婴儿车的企业，但现在这家企业正在制造工业机器人。谈到他的工作，平田说："我将公司视为一个无限成长的孩子。我会死，但它会继续活着，我的责任就是确保这一点。我想继续制造越来越精良的机器人。"乔纳森·劳赫接着说："如果我没有提出'利润'这个词，平田就不会谈到它。平田显然对利润并不特别感兴趣——我的意思是，对获利了结不感兴趣。他的生活并不奢侈，而且他似乎更关心基业长青而不是金钱。"他的表达与理查德·胡克（Richard Hooker）于 16 世纪末在英国所谈到的类似："500 年来，人们所形成的公共社会法令仍在延续，社会仍是同一个社会，因为共同体是不朽的。"这些想法由来已久。

《正义论》的作者、哲学家约翰·罗尔斯（John Rawls）说："每一代人不仅必须保存文明和文化的硕果，保持那些已经建立的公正制度的完整性，还必须贡献一定的增量。"早在他之前，英国著名保守主义思想家埃德蒙·柏克（Edmund Burke）在谈到法国大革命时说："社会本质上就是一个契约……不仅是活着的人之间的契约，也是那些活着的、逝去的以及将要出生的人之间的契约。"

这就是大教堂哲学，也就是设计和建造伟大教堂的人们的思想，他们知道自己在有生之年无法看到它们完工。新的大教堂将不是由石头和玻璃构成的，而是由大脑和智慧构成的。它们将同样需要很长的时间来建造，而我们这些必须开始建造的人可能无法活着看到终局。这座"智慧的大教堂"就是我们需要超越死亡，超越我们这一代人的原因。除非我们能够相信我们周遭的小世界和更大的整个世界长期存在，否则我们很难做出必要的牺牲。然而，我们应当记住，这种继续存在并不需要以目前的形式。第二曲线与第一曲线不同，变化是保持连续性的必要条件。我们只有对未来有信心，才能理解现在。

我们思考的广度和长度

有人会说，现在连生命本身都在饱受威胁。200 年前，马尔萨斯（Malthus）担心世界没有足够的资源来养活它的人民，现在这种担忧正在成为现实。数字确实看着很可怕。当然也有人提出反对，比如，保罗·肯尼迪（Paul Kennedy）的《未雨绸缪：为 21 世纪做准备》（*Preparing for the Twenty-First Century*），或者爱德华·威尔逊（Edward Wilson）的《生命的多样性》（*The Diversity of Life*）都非常地令人信服。但是如果我们不甘如此，终点就不是结束。我们需要接受经济学家莱斯特·瑟罗（Lester Thurow）所建议的措施，即向第三世界国家支付森林租金。这种付款可能会鼓励我们开发出威尔逊在其书中提到的数百万种不同的生命形式，但不管以哪种方式，我们都需要对世界及人类的连续性有足够的信心和兴趣，为了我们永远不会认识的人们的无形利益，放弃我们目前的一些财富。我们需要具有比现在更长远的连续感和大教堂思维。

有些民族的文化中就有连续感。查尔斯·汉普顿·特纳（Charles Hampden Tuner）认为，美国人把时间看作直线，而东方人则认为时间是个循环。他说，对于很多西方人来说，时间就是挥舞着镰刀、不停奔跑的收割者。但是在东方，时间循环往复，不断地给人们带来新机会。如果你采纳了奔跑的收割者这一观念，那么时间就完全不能错过，事情必须在时间耗尽前做完。但在循环的视角中，时间永远不会耗尽。因此时间是你的朋友，你要创造的是自我更新的系统。当时间重来时，即便你不在了，系统依旧存在。

我们可以从这个视角审视欧洲，欧洲必将会以某种方式重新一体化。欧洲的各个国家实在太小了，根本无法在一个 80 亿人口的世界中独立存在。但是欧洲要成功，仅靠一份便利的贸易协议还不够。最终，它必须成为一个联邦制政体，拥有双重公民意识、分权制度、合理的辅助性原则等所有的联邦制配套措施。联邦还需要有共同的法律，以及共同的货币。目前，欧洲发展不均衡的各经济体，可以在必要时调整汇率，以便重建竞争力，维持商品出口。一旦有了共同货币，各国就不再能实行货币贬值。欧洲将像一个统一的国家一样，平衡区域发展，提供政府补助、贷款和税收优惠来帮助弱势区域追赶强势区域。为了让欧洲有足够的资金来做这些事，我们可能不得不缴纳七八倍的税金。没有投票者会愿意这样做，除非他们具有承前启后的历史观，将自己视为欧洲不可分割且持续的一部分，而欧洲也将会成为他们遗产的一部分，包含着他们曾曾孙辈们的未来。这份牺牲无法获得短期的回报，也无法在议会任期内证明其合理性。

在企业中，每季度的财报和大公司平均 40 年的存续期让大部分的董事会把基业长青这个议题束之高阁。董事会总是要求看数据，但是他们从不相信超过四五年的数据。相较于冒着风险构建某种新企业的"大教堂"，把钱存起来终归最安全。只有家族企业会有动力跨越死亡思考未来，即便如此，也很可能不会超过三代。在我们自己的有生之年完成"大教堂"的压力似乎在持续攀升，尽管持有上市公司股份的机构本身应该是独立于其运营者的持续存在。我们需要再次强调，即便没有我们，机构也可以永生。日本的三井集团（Mitsui Corporation）和我的母校牛津大学都已经有600多年的历史，并且还保持着强盛发展和远见卓识。以史为鉴，方得长远。

　　我曾应邀帮助一家大型银行制定一份关于其愿景和价值观的声明，我从它对于自身目的的理解开始着手。我问："你们为什么存在？"他们回答说："为了让我们的股东暴富。"他们的股东主要是其他银行、保险公司和养老基金。我问他们，这些股东曾经提过这样的要求，或者这样定义它们的期望吗？显然没有。该董事长补充说，几年前，在宣布他们首次出现年度亏损时，他曾考虑应该拜访他们的主要股东（一家保险公司）解释这一情况。他说："他们显然毫无兴趣。"他们似乎认为我们会永远存在，而这次亏损只是暂时的，我们会搞定的。我暗示，或许他们是正确的，或许他们想要把他们的钱放在一个可以永久保留的地方。他回答："我认为他们很不正常。"基业长青作为一个概念是很惊人的。然而，连续性会是个有用的、不那么吓人的折中表达。

　　就家庭内部而言，我们会为子孙后代担忧。现在，英国平均每2.3对夫妻就有一对以离婚收场，很难说谁会为子孙后代考虑，尤其是未来还会有很多不被承认的继孙辈。从另一个角度看，很多孩子都不认识他们的祖父母。如果我们不知道当树长大时谁会在其周围观赏它们，我们现在就很难在花园里种下这棵树。更正式地讲，当子孙辈的关系都如此疏离时，代际间的正义概念会更难以维系。家族曾经是长远延续的。如果我知道即便有变故，很多事也会继续存在，那么为了"当我不在时"未雨绸缪是很合理的。如果家庭成了暂时的权宜之计或者桎梏，时间的永续也就无从谈起。

我的希望很脆弱。但是首先，我们不应该低估"千禧一代"想法的力量。它鼓励人们探究过去，放眼未来。遗产的运转也在加快步伐。我们不会经常拆除东西，而是翻新它们，将我们的码头、仓库和工厂用于新用途。这是有益的信号。国际社会变革研究院（RISC）报告称，根据其最新的研究，"我们看到人们对于历史变革的责任感在日益增强，对前辈和后代的重要性也有了显著的认知提升"。这非常令人振奋。环保活动，尤其是把地球视为自我更新的系统的盖亚理论，带领我们回顾历史，展望未来。

如我所希望的，如果公司重新发现成员制的优点，如果跳槽变得更加危险，如果股东的权力减少，那么企业界可能会再次看到对永久存续的渴望。企业领导者会发挥其影响力，所以当48位来自全球最大公司的高管齐聚一堂，组成可持续发展工商理事会（The Business Council for Sustainable Development）时，政府和其他人都会聆听其意见。作为该组织成员的大众汽车董事长卡尔·哈恩（Carl Hahn）在组织报告中写道："如果我们考虑到未来，考虑到抚育后代的责任中最核心的部分，我们就必须接受再生可循环方案，这也是整个自然界的基础。"在市场上，时尚作为所有零售商的"上帝"，正在失去拥趸。更有甚者，新的时尚可能是利用现有的资源，或者选择适合自己的，而不是追逐邻居的喜好。手工的、二手的、优质不浮夸且持久的东西可能会成为流行的风尚。

现在，人们的寿命更长，四代同堂的家庭变得越来越普遍。当今天放荡不羁的父母成为祖父母，并意识到自己错过了对未来的投资时，连续性的想法可能会在家庭中重新兴起。因为我们只有回顾过去才能理解未来，所以这份领悟只有老了才会有。那时，无论父母的新安排如何，子女实际上都是由祖父母抚养的，而祖父母的权利就会成为一个问题。

没有连续感，牺牲现在换取未来也就没有任何意义。

THE EMPTY RAINCOAT
Making Sense of the Future

第十五章
连接感

　　我们无意于遗世独立。我们需要与某些事或某些人建立归属感。只有相互承诺，人们才会为了对方的利益而自我克制。然而，崇尚自由主义和个人主义的我们对承诺都非常谨慎。我们对"忠诚""责任"和"义务"这类的词充满疑虑。无论我们是否追求独立，这都是我们避无可避的现实。英国著名政治家、小说家迪斯雷利（Disraeli）在一个多世纪前说："现代社会不认识邻居。"现在依然如此。我们被互联网和电视包裹着，独自生活、工作和娱乐，孤独可能是21世纪真正的疾病。意大利人非常智慧地用同一个词描述孤单和孤独，因为最终前者也意味着后者。我们的关系和归属都不再清晰可见。然而如果我们身无所依、心无所属，奋斗的意义也将模糊渺茫。

　　或许更重要的是，如果我们没有归属感，为他人牺牲也就毫无意义。如果我们对他人没有承诺，也得不到他人的付出，责任和良心也就失去了意义。罗尔斯说："想象一个人没有任何正义感。他没有任何感情、友谊或者互信关系的牵绊，不怨恨也不生气。如果他能侥幸逃脱，他就会插队，并期望每个人都这么做。"那么一个有趣的问题是，如果连接构成了正义的基础，那么为什么在这个如此多的连接都崩塌了的世界，我们有些人会成为罪犯，而我们大部分人不会呢？

职场已经成为 20 世纪大部分人的核心社区。美国社会哲学家刘易斯·芒福德（Lewis Mumford）说："真正的安逸不是远离工作的自由，而是在工作中的自由。与此同时，还有时间去交谈、反思、关注生活的意义。"现代工作并不提供太多这样的机会，哪怕对于那些在核心岗位的人来说也一样。然而，即便如此，提早退休令人难过的通常是失去了社会关系，远程工作者的孤独也是有据可查的。

如果成员制度的理念能在核心机构中盛行，那么职场仍将是许多人的关系连接的中心。当然，这个"许多"可能不到劳动力的一半，也不到成年人的三分之一。而且这可能是个非常孤立的联系，消耗掉所有成员的时间和精力，并使他们与周围的社会隔绝。除非我们给予公司与各利益相关方之间的契约更多的关注，更加努力地合理安排时间。

新的居民区

组织型社会有个副作用，组织在我们生活中的重要地位使我们不再需要职场以外的归属感。结果，当我们离开组织时，我们无处可去。我们用工作提供的同质社区取代了旧时街坊邻居的多元化社区，我们用共同利益的社区取代了地方社区。在这种情况下，我们无须考虑为邻居做出任何牺牲，因为我们的邻居也同样如此。如果我们选择生活的地方也是个同质化的地区，那么情况会更加严重，我们将永远不需要见到、遇到或者关注与我们不同的人。

根据社区协会研究所（Community Association Institute）的数据，1989年，美国有 13 万个社区协会，帮助管理 3000 万美国人，占总人口的 1/8。有些社区协会只是几栋小公寓楼，但 80% 的协会拥有土地以及平均 543 个住宅单位。协会的数量还在增加，并且越来越同质化。新港海滩（Newport Beach）的一个新开发项目甚至限制了居民养狗的大小。

在美国加州拉古纳海滩（Laguna Beach）有一个叫作安逸山庄（Leisure Hills）的开发项目，在那里，2.1 万人拥有独立的税收、安保力量、电视台和 12 条公交线路。门口的保安会检查所有来访者的身份，它和其他类似的居民区与中世纪意大利的城堡极其相似，它们提供给其居民的安全和宁静是在混合社区中无法找到的。然而，《经济学人》在报道此事时指出，他们应该记住，意大利的那些城堡是无尽战争的根源和原因。

新型居民区太小，人口构成也太雷同，无法成为任何新型平衡社会的基础。他们只是连接了自己。此外，国家过于庞大和庞杂，也无法作为一个可连接的概念。我们很难被说服，为了我们从未见过的人自我牺牲，为我们从未走过的路缴纳清洁费，为我们从未使用过的下水道付修理费。萨里郡（Surrey）的有钱人可能会同情南部泰恩赛德区（Tyneside）的穷人，但是他们不会为穷人花太多钱，因为他们永远都看不到结果。组织型社会逐渐变成了居民小区型社会、富人区和贫民区。我们应该记得，正是英格兰的圈地法案为了从更好的农民手中获得更好的生产力，迫使穷人变得更穷困，并形成了新的底层阶级。我们需要一个社区，它既要足够大，能够容纳多元；又要足够小，能够让我们看到所有居民。我们需要重返城邦的概念，或者至少是乡镇。

市民自豪感

在英国曾有种说法叫"市民自豪感"。市政厅会在壮丽和成就方面相互竞赛。几十年以来，英国政府不断地剥离城市和城镇的权力，不信任它们对权力的使用。在某些情况下，它们确实滥用了权力。在英国，这种传统现在只剩下城市足球俱乐部了。

曾经有段时间，市立大学是城市里老父亲们的骄傲。企业竞相把它们的名字刻在新的教学大楼或者讲堂上，他们的子女在那里学习、结婚、生活和工作。20 世纪 50 年代，英国政府本着自由主义的精神，决定提供学费和生活补助，让学生可以在全国任何大学学习。市立大学立刻成为国立大学，它们失去了本地的身份和本地的资助。学生自由地流动，远离了他们出生的城市，重新建立自己的根基和关系网，一切都是以自由之名。但也有人说，这是因为剑桥大学和牛津大学想要全国最优秀的学生。不管怎样，这是对城邦概念的又一次打击。

然而，城市会重新崛起。欧洲正在飞速成为城市的欧洲。曼彻斯特与巴塞罗那竞争，而巴塞罗那又在体育和商业方面与慕尼黑竞争。航班在城市间飞行，而不仅在首都之间。城市与城市结对合作，这非常合理。即便我们住在城中村，我们也能识别并与城市建立联系。城堡、教堂的尖顶甚至摩天大楼都在清晰地提醒人们城市的存在。城市是人类范畴的社区，但国家不是。现在只有喝醉的体育运动粉丝才会挥舞英国国旗或者法国三色旗。随着欧洲一体化的推进，中间层（国家）逐渐消失，城市成为人们身份的焦点以及与社会连接的方式。

但是我们的城市还是一团糟。它们代表了极端的豪富和贫困，富足与潦倒紧密共存。它们看起来不太可能成为社区的基础。正因为如此，它们应该被赋予创造自己未来的责任。在英国，城市的主要收入来自中央政府，城市只是个执行机构。适当的辅助性原则要求它们有权决定自己的优先事项，并被赋予实现这些优先事项的权力和手段。

城市及其周边地区是公平社会所需的契约的最佳沃土。只有这种规模的社区才能够利用更优秀的人才和金钱，投资基础设施，帮助不幸的人。那些付出的人能够看到他们捐赠或纳税的成果。在城市中，你用自己的闲暇时间就可以做出一些改变，而国家层面的一点点改变就需要人们投入全部的职业生涯。然而，赋予城市更多责任也意味着给予它们筹集金钱履行责任的权力。这就是争议所在。

美国的城市比大部分欧洲城市发展得更先进，但是无论在哪里，都有一些令人振奋的迹象。每年举办一次"欧洲文化之城"的想法已经开始激发人们的想象力。城市而不是国家正在将自己打造成旅游和发展的中心，它们积极竞争世界文化遗产和环境奖项。开罗，作为一个拥有 1500 万人口的大城市，最近因为垃圾回收获得了一项联合国大奖，这证明了规模不一定是市民自豪感的障碍。在世界的各大城市中，只有伦敦没有自己的政府，也没有一个让市民自豪的中心。

残酷的现实是，联邦需要兼具小巧和庞大的双重特质，这会无可避免地带来中间层的退化。总有一天，欧洲会成为实质上的城市联邦，仅在名义上保留着国家。到那时候，欧洲人这个身份对我们每个人将有更多的意义。因为每个城市会需要依赖欧洲，城市间的关系也会比现在更密切。更多新玩家的出现促使互惠互利更加容易实现。格拉斯哥（苏格兰最大的城市）与波尔图（葡萄牙港口城市）开展人才和项目交流会比与伯明翰更容易，因为它们之间的直接竞争更少。对于双方来说，这也更有趣。相较于国家，以城市为基础的双重公民意识会更容易孵化。

　　我一直有个想法，欧洲的每个孩子在 13 岁时都应该去另一个欧洲国家的学校学习一个学期，并且住在当地的家庭中。如果这个做法能够广泛普及，唯一的成本就是交通费。这件事从国家层面来协商和组织会非常困难，但从城市对城市的层面，将会更有成效。没有什么比这样的连接更能增强年轻人的历史观和共同体意识了。

　　欧洲可以参考北美。因为毫无疑问，地理和经济逻辑总有一天会结合起来，在那里创造一个更大的新联邦，将墨西哥和加拿大纳入其中。同样地，如果让有钱人愿意为穷人花钱，那里也需要分解成城市和大的镇，而不是国家或州。配对结盟和技术交换会帮助打造共享历史和共享命运的意识。

　　然而，城市将更多的希望寄托在组织中，尤其是商业组织。企业需要城市，它们需要城市提供的教育和文化资源，以便吸引其核心所需的高质量人才。企业还需要只有城市才能提供的四通八达的交通。企业所需要的大量的小型服务商和组合型自由职业者也都聚集在城市边缘的各种新农村中。它们需要城市的喧嚣、活力和刺激，以及多元的生活、人脉和政治网络。然而，矛盾的是，目前的趋势是截然相反的。梦想着有花园中的办公室或工厂，组织正在逃离城市，奔向农村或者郊区，给员工们带去工作，而不是用工作吸引来员工。它们依靠网络电信技术与外界保持联系，在森林中为自己构建了一座有城墙的城市。

　　它们可能会反思。新的联邦制分散型组织不需要把很多人聚集在一个地方。地方工作中心和网络俱乐部能够在森林和郊区快速复制，但是城市需要组织的部分活动，它们也需要城市来拓展关系网。只有组织重返城市，它们才会愿意投资，让这些人类的中心再现文明，因为组织拥有影响力、消费力和领导力。妥协可能是前进的道路。符号分析师将越来越多地在多个地方工作和生活。这些地方不是古典主义者所梦想的在城市中的乡村，

而是城市和乡村的结合，因为二者都是符号分析师所需要的。当有钱人和
穷人同时住在城市里和村镇里时，有钱人才可能会为穷人的教育和交通买
单，因为城市因良好的教育变得更富裕，最终也符合有钱人的利益。

如果组织不重新思考，回归城市，我们将看到城市会更快地衰落，有
权力和影响力的人撤回他们高墙深锁的村庄里，隔绝所有非自己同类的人
群。那时，我们将没有平衡，牺牲和妥协的机会更少，将矛盾转化为进步
的可能性也就更小了。因此，令人振奋的是，伦敦的企业正联合起来为伦
敦创建一个项目，伯明翰的企业也在做同样的事情，亚特兰大、西雅图、
巴塞罗那、塞维利亚、格拉斯哥等许多城市的杰出公民也是如此。奥斯本
说："联邦国家是民主的实验室。"我们的一些城市可能会意外地找到让我
们与邻居重新联系的方式。其他的城市也可能会效仿它们，只要中央政府
意识到联邦制的好处。

虚拟城市

伟大的城市是由如世外桃源般的小村庄组成的，我们对城市和"世外
桃源"的需求是同等的。我们既需要朋友的安抚，也需要陌生人的刺激。
同类人的陪伴会让我们放松，但是我们也需要与更大、更广阔的社会连接，
以便让自己保持清醒，也让自己感觉是宏大事物的一部分。只有这样，良
知才会战胜自私，责任才会超越安逸。在大城市中的小"世外桃源"，即便
是由志同道合、同等收入的人群组成的，也会为打造公平社会提供良好的
基础。然而，我们大多数人都没机会在繁华都市中享有"世外桃源"。我们
城市的变化还不够快，我们必须创建我们自己虚拟的"世外桃源"、城市和
社区，它们可以被描述和被想象，但不需要有固定的地点。

　　家庭常常是我们的一个"世外桃源"。虽然传统的家庭不再那么传统，但仍是家庭。它们可能不是由传统的亲属关系组成的，继亲关系可能比血缘关系更多，但是家还在。现在，大家庭的扩展不仅是代际垂直的，还是横向水平的，涵盖了更广泛的同辈人，比旧时狭窄小的核心家庭提供了更广泛的灵魂伴侣的选择。这些新的"虚拟家庭"包括亲密的朋友和伴侣以及血缘关系，很可能是比旧模式更舒适的"世外桃源"。我们不应该对家庭感到绝望，而应该重新定义它。

　　工作是另一个"世外桃源"。正如我曾谈到的，工作虽然常常与外面的世界相隔绝，却能让我们很舒适地接触到志同道合的同事。极简组织的流行使这些联系变得更加困难，因为越来越多的人主动或被动地离开了组织。越来越多的现代组合工作者不得不把客户、临时合作伙伴或同事组织起来，建立他们自己的"虚拟组织"。

　　在独立组合工作者的新"俱乐部"中，我们可以看到虚拟组织的缩影。有的俱乐部是由中介型雇主或职业介绍机构提供的。它们是组合工作者的经纪人，就像演员、作家和模特的经纪人一样。尽管只是通过电话联系，但中介型雇主或者代理公司提供了一个参考点、一个基地和一个盟友。还有任何独立工作者都能快速建立的联系人网络、服务失业者的工作俱乐部、只有符合资质的人才能参加的行业协会等。我儿子是个独立演员，既有经纪人，也有由他的联系人组成的"记事本俱乐部"，这是与他的职业相关的虚拟组织。最近有个新发展是"远程俱乐部"，这是一个专门为偶尔远程办公的人设计的建筑，提供小隔间空间、接待员服务、食物和饮料，以及所有必要的通信设备。

　　其中一些设施由组织租用作为区域办公室，以供其员工使用。还有一些设施面向个人按天、按周或按月租用。城市中还有更高档的版本，有提供会议室和用餐室供陌生人租用的俱乐部，也有更正式的设施仅供会员使用的俱乐部。酒店、机场和火车站已经看到了这种新工作形态的商业潜力，于是向旅客提供远程办公室，以供他们在日程中的空档时间使用。随着时间的推移，这些地方可能会提供一种临时的伙伴关系，同时也成为虚拟工作村的实体化体现。

还有其他的选项和虚拟社区。一项名为"兴趣组织"的研究发现，萨里郡郊区有315个组织是关于爱好、兴趣、运动和其他令人热衷的活动的。所有组织都是由志愿者运营的；所有组织都是甜甜圈型组织，其核心由组织者构成，外围空间由参与者和捐款人组成；所有组织都为其成员提供某种俱乐部。它们提供了活动的空间。这些地方不是为了有偿工作，但是它们提供了一个在朋友的陪伴下休息放松的机会，一个临时的"世外桃源"。

这些虚拟的"世外桃源"需要辅之以虚拟城市与陌生人会面和挑战的机会。米奇·考斯主张更多地使用他所谓的"第三方地点"，比如电影院、教堂、购物中心和其他常见的聚会场所。我们还可以采取更多措施使这些第三方地点成为大家与陌生人社交的地方。然而，这些地方汇聚的常常都是孤独的人。我们无法依赖这些，必须更努力地建立自己与陌生人的连接。这更困难、更有挑战，但并非完全不可能。

我的姐夫在他的第三个阶段开始时，辞去了在企业中的全职工作。他找了一份每周工作四天的兼职工作。四年后，他认为自己可能要设法偶尔放松一天。他太忙了，无暇做更多的事情。他是一个地方法官、一个本地学校的主管、一个教区议会的成员，他还是当地各种司法和警察委员会的成员，经营着当地的健身房，负责该地区最大的农业展览的一部分。离开了一个单调的商业组织，他现在广泛参与各种组织。他看到了他在办公室中做梦都想不到的生活百态。像他一样，我们可以利用工作和生活的新灵活性来建立更多的联系，而不是陷在一个组织中忙碌大半辈子。

无论你身处乡村的贫民窟、加利福尼亚高墙深锁的高端社区还是内城的贫民窟公寓，好工作或好兴趣带来的各类社区活动是平淡生活的解药。你不必有我姐夫的背景就可以为当地社区服务。一些最杰出的学校管理者、法庭成员和青年领袖都来自贫困地区，他们对现实的理解和把握，是外人无法比拟的。我们的社区组织，从横向和纵向两方面促进大家跨越分歧，建立连接。

玛格丽特·撒切尔有句名言：不存在所谓的"社会"。她的意思是，个人不能躲在"社会"后面，指望社会来养活他们或保护他们。约翰·梅纳德·凯恩斯（John Maynard Keynes）说："个人主义如果能够消除其缺陷和避免滥用，它就是个人自由的最佳保障。"但凯恩斯声明中的"如果"（附带条件）很重要。在混合社区中找到的连接感是消除这些缺陷的最佳方法，个人和社区之间可以达成有益的妥协。社会确实存在并且是必要的，但它是作为个人主义的补充而不是替代品。社会也是我们贡献的一个出口，一个给予和索取的地方。

随着年龄的增长，我们变得更加本地化，并且经常感到需要以时间和专业知识而非金钱回馈社会。只要大家不躲在老年疗养院或者花园里，养着有统一标准限制的狗，处于人生第三个阶段的人们都有很多东西可以给予，但是他们需要他们的付出能够看得见结果。我们可以看到社区中出现一种新的半专业团队，这些人基本上都接受过培训，并且有能力帮助学校、医院和诊所提供服务，他们可以担任不享受收益和福利的顾问、司机或服务员，也可以担任项目研究人员或志愿者协调员。以上的一些情况已经发生了。如果公民自豪感在各地得到复兴，那可能会带来更多变化。在未来的世界中，我们将越来越需要建立自己的连接、自己的虚拟城市和我们自己的"世外桃源"。

第十六章
方向感

历史的终结

然而，连续感和多元的连接感不足以让人发愤图强。或许什么理由都不足够。

法国政治家、思想家阿历克西·德·托克维尔（De Tocqueville）很早就预见了这一切在美国的到来：

"首先，令观察者震惊的是，无数的人都平等且相似，他们乐此不疲地竭力获得微小的幸福与满足，纵情享乐。每个人都离群索居，对其他人的命运视若陌路。孩子和朋友对于他们来说，就是人类世界的全部。至于其他的同胞伙伴们，大家'鸡犬相闻'，却看不到彼此真正的喜怒哀乐，相互接触，却毫无同感共情。每个人的存在都只局限于自己，只为自己。即便他们亲缘犹在，但国家可以说是在任何程度上都消失了。在人类种族之上，一种巨大的守护力量在独自承担守护人类喜乐、看顾人类命运的责任。对于它来说，倘若人类除了享乐，什么都不考虑，那么人就应该享乐。"

民主社会是宽容的，它们不会告诉它们的公民应该如何生活，或者什么会让他们快乐、善良或伟大。人们沉迷于物质收获和无数的小需求，这并非偶然。尼采为这种生存状态深感遗憾，他说，"最后的人"已经"离开了生存艰难的地区，因为人们需要温暖"。

黑格尔认为，在人性中，骄傲的需求不会满足于随"历史的终结"而来的和平与繁荣。他在1806年写道："我们站在一个重要纪元的门口……精神的新阶段正蓄势待发。"200多年后，我们身处另一个时代，这可能还不是历史的终结。

马斯洛是正确的，他假设人类的需求存在等级，当你有足够的物质财富时，你会把目光转向社会声望，然后是自我实现。然而，也许马斯洛的需求等级还不够高。在自我实现之上，可能还有一个等级，我们称之为理想化，追求远高于自我的理想或事业。正是这个额外的等级修复了马斯洛理论以自我为中心的基调。尽管马斯洛理论命中了我们大部分的经历和体验，但它更令人回味苦涩。马斯洛本人在其生命的尽头也承认了这一点。

为了事业

我们不是机器，也不是进化链中随机产生的意外，我们需要方向感。托尔斯泰在其自白中表示，他无法找到自身存在的逻辑目的。他事业成功、家庭幸福、富有，然而这一切似乎都没有意义。他的结论是，人只有秉持某种信念时，才是真正的活着。如果他什么信念都没有，他会杀了自己。因此，信念是生活的力量。罗兰·阿什利（Laura Ashley）在阐释自己创立乡村纺织企业的原因时表示："我意识到，大部分人都想组建个家庭，有个花园，尽可能地过得好。"她的生意在 20 世纪 70 年代十分兴旺，并且延续到了 20 世纪 80 年代。我想这正是因为她捕捉到了时代的情绪。然而，纽约首位黑人市长戴维·丁金斯（David Dinkins）在 1993 年美国网球手阿瑟·阿什（Arthur Ashe）的追悼会上说："为人服务，其实就是缴付居住在地球上的租金。阿瑟·阿什全额支付了他的租金。"

丁金斯也捕捉到了"千禧一代"的情绪。上文提到的国际社会变革研究院的调研发现，对意义和真实性的日益追求是 20 世纪 90 年代情绪的显著元素，与 20 世纪七八十年代形成鲜明对比，"人们更关心自己"。调研表示，新的道德维度有几个表现——"目标感、找寻身份和尊严，以及生活质量优先于生活方式（美学与和谐）"。

这是在追求事业。然而，真正令人满足的事业必须有"超越自我的目的"。因为北非的古代哲学家圣·奥古斯丁（St. Augustine）说，自私是最大的罪；因为荣格说，我们通过他人发现自己；因为我们都暗自渴望不朽，而真正的不朽要通过他人才能获得。

我们不需要改变世界，轻微推动一下就足够了。一家面包店的老板兼经理曾经跟我联系，他说："我想要让我的小公司成为全国最好的。"我问："最好的是什么意思？你是指利润吗？"他回答说："那只是其中一点。没有长期盈利能力，我就无法让生意持续，但是利润不是真正的重点，我想要成为一个展示的标杆，我和所有在这工作的人都能骄傲地说，'那是我的地方'。"他拥有的是一项事业。便利贴的发明者阿特·弗莱（Art Fury）在评论创业成功时曾经说过："那些只为致富而投资的人注定会失败，那些为了帮助他人而投资的人可能会成功。"

有人说，愿景对企业的未来至关重要，这没错。但是，愿景必须是其他人都能够与其产生关联的。组织底层的大部分人不会为股东变得富有而感到兴奋。"卓越"和"质量"才是正确的词，但是在很多企业中，这两个词常常因被重复太多次而毁掉了。它们还常常是成本或裁员的同义词，又或者这两个词引发了一个问题——我们为了谁这么做？如果我们要在任何企业中跃迁到第二曲线，如果我们准备为了他人的利益损害自己的愿望和需求，那么我们需要对我们正在做的事情有信念感。一些企业将此转换成对客户的关注，但是我们不得不怀疑这种关注是否只是一种有效的经营方式，是手段而非目的。

我曾经参加过一个由顶级酒店集团组织的高层管理者研讨会。一位参会者发表了主题演讲，解释了待客之道："我们欢迎每个人、任何人、所有人。"他解释说："这意思是，我们不会对总统和贫民（每个人）区别对待，事实上我们上个月就接待了二者。我们将每个人都视为独立的个体（每个人），关注他们的特殊需求和愿望。最后，我们与他们打交道时要思虑周密，既满足他们的深层需求，又照顾到他们的表面愿望，并尽可能充分地进入他们愿意向我们敞开的生活。"他的演讲受到了高管们的热烈欢迎，他们在其中看到了自己辛勤工作的理由，一个比资产负债表更令人满足的理由。然而，当我入住他们的酒店时，我发现每个可以移动的物品都被固定到了墙上，甚至洗手间的厕纸都在一个上了锁的盒子里。他们解释说："我们不得不这样做。只要有一点机会，我们的客人就会偷走任何能拿走的东西。"我想，如果你连厕纸不能托付给你的客人，那么就很难交付你的"服务"了。但毕竟他们看见了一个愿景的缩影，一个值得长途跋涉去抵达的方向。

正如英国剧作家萧伯纳在剧作《人与超人》中所说："人生的真正快乐是致力于一个自己认为伟大的目标，是发挥天性的力量。狂热、自私、浑身小毛病，不停地抱怨世界，并不会让你快乐。"

从某种意义上讲，英国可能会再次成为世界的主要力量或者经济强国，但是永远不会再次"伟大"。但是它可以找寻到新的事业，塑造新的存在，比如成为欧洲的雅典，像旧雅典那样成为学习、文化和艺术的中心。英国最大的比较优势是它的语言。每个人，无论身处何地，都想学习英语。它的大学、剧院、设计师、艺术家、建筑师、电影和电视制作人、作家和文人、音乐家和舞者都是世界顶级的。可悲的是，它更多因博物馆而闻名，而不是作为文化中心。但是，机会就在眼前：找到第二曲线，提升它的民众，让他们有全新的方向感。

马来西亚现在正为其"2020愿景"而自豪。"2020"是个双关语。这是一项为期30年的计划，概述了其领导人对2020年的马来西亚的展望。该计划的基础是一个乐观的增长率——7.2%，足以使其在2020年达到美国的生活水平。但增长率是起点，不是重点。这个愿景还包含了金钱的支出和分配方式，它应用于教育、残障人士、老人、环境（姗姗来迟）等。访问那个国家时，我原以为会看到冷嘲热讽，但我却发现了兴奋。商业领袖为自己的努力找到了理由，其他人拥有了希望。计划的标题甚至贴在了出租车上。

我们最好从小处着眼，关注我们正在变小的组织、本地的社区和城市、家庭和朋友，关注那些愿意为比自己更重要的事情付出的组合工作者网络。我们必须在自己的地方，塑造自己的方向。

THE EMPTY RAINCOAT
Making Sense of the Future

后　　记

两个故事

我妻子的祖先是罗兰·希尔爵士（Sir Rowland Hill），他在 19 世纪 40 年代以预付邮递系统和第一张邮票的发明者而闻名。在他出现之前，信件是根据它们的重量和所走的距离来定价的，并由收信人付费。细想起来，这非常符合逻辑。例如，一封从伦敦到爱丁堡的信可能要花一先令六便士，这在当时是一大笔钱，但从伦敦到爱丁堡也是一段很长的距离。有些聪明人会给家人寄一个空信封，以表示自己还活着。这样他们的家人会在信件到达时拒绝付款，因为他们看到信封就已经收到了信息。这使得邮递成本变得更高。结果，只有有钱人才能负担得起相互写信的费用，写信成了一种精英娱乐。

　　罗兰·希尔提出了一个反向思考的方案。他认为，如果每封信都只花费一便士，无论它要寄到英国的哪个地方，如果你需要提前买"邮票"贴在信封上预付邮费，那么会有两个结果：邮件量会暴涨，收益远超远程邮递所消耗的成本损失；更重要的是，每个人都可以相互写信。这将极大地促进教育，因为写信会使大家学习的写字和阅读有了实用价值。这还将增强国家凝聚力，因为朋友间、母子间、妻子与出门在外的丈夫间都可以保持联系。他说，这将不仅是商业上的成功，更是重大的社会变革。

　　没有人相信他。经过多年的争论和竞选，他才说服了议会做出改变。当它实施后，结果非常惊人。10 年间，50 个国家采用了预购邮票的做法，现代邮政服务诞生了。罗兰·希尔去世时非常荣耀，直至今日仍被人们铭记为"近代邮政之父"。

　　然而，这个故事的有趣之处是，当他启动竞选活动时，他并不在邮政系统内。他是南澳大利亚州委员会的一名文员，在此之前，他在他父亲的学校里当老师。邮政系统跟他毫无关系，完全不关他的事。他不富有，也没名气和影响力，但是他在乎。他看到有些事需要做，他觉得如果不为此做点什么，就无法自处。我们不能等着山自己移走，而要主动爬上去。

黑暗中的星星之火

　　在我的书桌上有两张照片，是我妻子在南非拍摄的。第一张是一个黑人小男孩的人像照，他在笑，他的脸庞和眼睛中洋溢着智慧、热情和兴奋。这是一张很开心的脸，充满希望。第二张同样是这个小男孩，但是这次拍照者退后了些，所以可以看到他的全身。照片里可以看到他身后的小棚屋、他赤着的脚和他脚下的粪便。这两张照片象征着我们今天所面临的挑战，不仅是在南非。智慧和希望就在那里，只要我们将他们从贫困环境的枷锁中解放出来。

我们的人民是聪明的，至少许多人都是聪明的。只要给他们机会，大部分人都是体面的。只要让他们了解到周遭世界的崩坏对他们有百害而无一利，他们并非麻木不仁。但是，首先我们必须广泛地认识到世界已经改变了。科学在过去几十年的跃进并不意味着科学家已经解决或者可以解决所有问题，更不意味着我们其他人都可以高枕无忧。

在曾经的大型组织时代，我们都可以满怀信心地期待只要愿意就可以终身受雇，而且超过90%的人确实愿意。在未来，工作仍是我们生活的中心，但是我们将不得不反思工作对我们的意义，以及该如何组织工作。乍一看，挑战令人望而生畏。但是大型组织时代的工作并非适合所有人，也不是完全纯粹的天赐之福。大型组织与我们同在的时间并不长，我们不应该把它看作自然法则。

希望就暗含在未知中，就在第二曲线中，只要我们能找到它。世界在诸多方面都面临重塑。创造力诞生于混沌中。我们做什么，我们属于什么，我们为什么做，我们什么时候做，我们在哪里做，这些都可能会截然不同，也可能会更好。然而，我们社会的运行法则建立在榜样的基础上。变革源于有效的小举措，这些举措会被效仿进而成为流行。我们有责任在黑暗中点燃我们自己的星星之火。

THE EMPTY RAINCOAT

Making Sense of the Future

参考文献

Abbeglen, James C. and Stalk, George Jun., *Kaisha, the Japanese Corporation*, New York, Basic Books, 1985

Albert, Michel, *Capitalism Against Capitalism*, London, Whurr, 1993

Anderson, Digby (ed.), *The Loss of Virtue*, London, Social Affairs Unit, 1993

Appleyard, Brian, *Understanding the Present*, London, Pan Books, 1991

Baden-Fuller, Charles and Stopford, John, *Rejuvenating the Mature Corporation*, London, Routledge, 1992

Bahrami, Homa, 'The Emerging Flexible Organization', *California Management Review*, Summer 1992

Ball, Christopher, 'The Adelphi Idler', London, *RSA Journal*, May 1993

Bennis, Warren, *An Invented Life*, Reading, Mass., Addison Wesley, 1993

Bishop, Jeff and Hoggett, Paul, *Organizing Around Enthusiasms*, London, Comedia, 1988

Bloom, Allan, *The Closing of the American Mind*, New York,

Simon and Schuster, 1987

Commission for Social Justice, *The Justice Gap*, London, IPPR, 1993

Drucker, Peter, *Post-Capitalist Society*, Oxford, Butterworth-Heinemann, 1993

Fukuyama, Francis, *The End of History and the Last Man*, London, Hamish Hamilton, 1992

Galbraith, John K., *The Culture of Contentment*, London, Sinclair Stevenson, 1992

Gorz, P., *A Critique of Economic Reason*, London, Verso, 1989

Goyder, George, *The Just Enterprise*, London, André Deutsch, 1987

Hammer, Michael and Champy, James, *Re-engineering the Corporation*, New York, Harper Collins, 1993

Hampden-Turner, Charles, *Corporate Culture*, London, Hutchinson, 1990

Hampden-Turner, Charles, *The Seven Cultures of Capitalism*, London, Piatkus Books, 1994

Havel, Vaclav, *Disturbing the Peace*, New York, Vintage Books, 1991

Hegel, G., *The Philosophy of History*, London, Dover Publications, 1956

Henzler, H.A., 'Eurocapitalism', Harvard Business Review, Jul/Aug. 1992

Hewitt, Patricia, *About Time*, London, Rivers Oram Press, 1993

Kanter, Rosabeth M., *When Giants Learn to Dance*, London, Simon and Schuster, 1989

Keegan, William, *The Spectre of Capitalism*, London, Radius, 1993

Kennedy, Paul, *Preparing for the Twenty-First Century*, New York, Random House, 1993

Kester, W. Carl, *Japanese Takeovers*, Boston, Harvard Business School Press, 1991

Kraus, Michael, *The End of Equality*, New York, Basic Books, 1992

Leinberger, Paul and Tucker, Bruce, *The New Individualists*, New York, Harper Collins, 1991

Lucas, J.R., *On Justice*, Oxford, Clarendon Press, 1980

Nietzsche, F., *Beyond Good And Evil*, New York, Vintage Books, 1968

O'Neil, John R., *The Paradox of Success*, New York, Putnam, 1993

Osborne, David and Gaebler, Ted, *Re-inventing Government*, Reading, Mass., Addison Wesley, 1992

Peters, Tom, *Liberation Management*, New York, Knopf, 1992

Rauch, Jonathan, *The Outnation*, Boston, Harvard Business School Press, 1992

Reich, Robert, *The Work of Nations*, New York, Knopf, 1991

Sampson, Anthony, *The Essential Anatomy of Britain*, London, Hodder and Stoughton, 1993

Schor, Juliet B., *The Overworked American*, New York, Basic Books, 1992

Schumacher, E.F., *Small is Beautiful*, London, Blond & Briggs Ltd, 1973

Schwartz, Peter, *The Art of the Long View*, New York, Doubleday, 1991

Semler, Ricardo, *Maverick*, London, Hutchinson, 1993

Senge, Peter, *The Fifth Discipline*, New York, Doubleday, 1990

Shames, Laurence, *The Hunger for More*, New York, Times Books, 1989

Stayer, Ralph, 'How I Learnt to Let My Workers Lead', Harvard Business Review, Nov/Dec. 1990

Stewart, Rosemary, *Choices for the Manager*, London, McGraw Hill, 1983

Thurow, Lester, *Head to Head*, New York, William Morrow, 1992

Trompenaars, Alfons, 'The Organization of Meaning and the Meaning of Organizations', doctoral dissertation, Wharton School, 1987

Waldrop, M. Mitchell, *Complexity*, New York, Simon and Schuster, 1992

Watkinson Report, *The Responsibility of the British Public Company*, London, British Institute of Management, 1972

Young, Michael, *The Rise of the Meritocracy*, London, Penguin, 1961